노자,
비기를 전수하다

탐 철학 소설 35

노자, 비기를 전수하다

초판 인쇄	2018년 2월 6일
초판 발행	2018년 2월 12일
지은이	윤지산
책임 편집	양선화
마케팅	강백산, 강지연
디자인	이정화
표지 일러스트	박근용
펴낸이	이재일
펴낸곳	토토북

주소 04034 서울시 마포구 양화로11길 18 3층 (서교동, 원오빌딩)
전화 02-332-6255 | 팩스 02-332-6286
홈페이지 www.totobook.com | 전자우편 totobooks@hanmail.net
출판등록 2002년 5월 30일 제10-2394호
ISBN 978-89-6496-362-3 44100
ISBN 978-89-6496-136-0 44100 (세트)

● 이 책의 사용 연령은 14세 이상입니다.
● 탐은 토토북의 청소년 출판 전문 브랜드입니다.

노자,
비기를 전수하다

윤지산
지음

35
탐
철학
소설

탐

차례

머리말
노자 철학이 다양하게 읽히는 신비한 책, 《도덕경》 · · · · 006

1. 합포지목 생우호말 · · · · · · · · · · · · · · · · · 011

2. 도은무명 · 029

3. 불귀난득지화 · · · · · · · · · · · · · · · · · · · 047

4. 육친불화 유효자 · · · · · · · · · · · · · · · · · 065

5. 총욕약경 · 083

6. 사부지자 불감위야 · · · · · · · · · · · · · · · 099

7. 화혜복지소의 복혜화지소복 · · · · · · · · 117

8. 도가도 비상도 명가명 비상명 · · · · · · · 135

9. 부도조이 · 153

부록
노자와 《도덕경》에 대하여 · · · · · · · · · · · 176
읽고 풀기 · 181
읽고 풀기 길잡이 · · · · · · · · · · · · · · · · · · 184

노자 철학이 다양하게 읽히는 신비한 책, 《도덕경》

1998년 여름, 《도덕경》을 원문으로 처음 완독했다. 작은 사전 하나, 번역본 하나를 두고 참 열심히 읽었다. IMF 금융 위기 이후 어수선한 세상을 뒤로하고, 또 이십 대 말 찬란한 허무를 견디며 읽고 썼다. 노자에 대한 생각을 정리한 첫 글로 상을 받기도 했다. 이후 노자의 전언은 늘 가슴에 맴돌았지만 명료하지는 않았다. 중국 위나라 학자인 왕필의 주석을 읽고 여러 해석서를 보았으나 분명하게 다가오지 않았다.

아둔한가 자탄하며 포기할까 생각하기도 했다. 유교나 법가, 묵가는 이해와 설명을 명확하게 할 수 있다. 그러나 《도덕경》과 《장자》는 사정이 좀 다르다. 읽어도 머리에 남지 않고 강의하더라도 관점과 맥락이 뚜렷이 서지 않는다. 노자 철학은 후대 철학 개념인 존재론이나 관계론으로 설명되기도 하고 설명되지 않기도 한다. 한마디로 '노자 철학은 이것이다.'라고 말하기 어렵다.

이 책을 쓰면서 이것이 《도덕경》의 특성이 아닐까 하는 생각이 지나갔다. 애매하면서 명석하고, 모호하면서 판명한 것. 그러니 지난 20년,

하나의 관점에서《도덕경》을 포획(?)하려는 시도는 실패로 끝날 수밖에 없었다. 그러나《도덕경》의 잠언 속에 위대한 그 무엇이 있다. 내 아집과 편견이 이해를 방해한다고 확신한다. 그것을 버려야 노자의 말씀이 제대로 보인다. 언제 그 경계에 닿으려나?

이 책은 전적으로 필자가 이해한 노자를 설명하려고 했다. 시중에 나와 있는 여러 번역본을 참고했다. 저본은 왕필이 주석을 단 원문을 이용했다. 왕필 이후 가장 많이 사용한 판본이다. 최근 '마왕퇴'라는 중국 유적지에서 출토된 자료들은 이용하지 않았다. 판본의 기원을 따지는 것도 노자의 사유와 부합하지 않고, 왕필의 주석만큼 후대에 영향을 끼친 것도 없기 때문이다. 자료들에 그저 문헌학적 가치밖에 없다는 것도 필자의 입장임을 밝혀 둔다.

노자가 한국을 포함한 동북아시아에 끼친 영향은 지대하다. 몇 마디 언설로는 표현이 불가능하다. 현재 우리도 알게 모르게 노자의 가르침을 따르고 있다. '힘 빼라!', '긴장 풀어!' 같은 언어도 노자와 연관 지을 수 있다. 또 한 분야에서 경지에 오른 고수를 보면 노자 말씀대로이다. 예를 들면, 황석영의 《수인》, 오에 겐자부로의 《읽는 인간》, 무라카미 하루키의 《직업으로서의 소설가》 같은 작품에서 《도덕경》의 영향을 느낄 수 있었다. 이처럼 '노자를 안다'는 것은 《도덕경》을 겉으로 읽고 머리로 이해하는 데 그치지 않고, 각자 자기 삶 속에서 그 사상을 몸으로 깨우친다는 뜻 아닐까.

다시 밝히지만 이 모두 필자의 견해이다. 이 책이 노자를 이해하고자 하는 사람들에게 조금이라도 보탬이 되었으면 한다. 이렇게도 읽을 수 있구나 하고. 다시 말하지만 《도덕경》은 다양하게 읽힐 수 있어서이다. 득실은 읽는 사람의 몫이다.

집필 과정에서 여러 사람의 도움을 받았다. 신한은행의 공철영, 대륙금속의 박시영, 재영 형제, 외우(畏友) 이준복의 지원이 컸다. 좋은 글로 보답하고 싶다. 지난 이십여 년 철학이라는 미지의 학문을 향해 맹렬히 돌진했다. 이 책을 쓰면서 필자는 많은 부분이 바뀌었다. 철학에 대한 관점과 견해, 접근하는 태도 등이 크게 변했다. 《도덕경》일면을 이해한 덕이라고 생각한다. 선학의 가르침도 컸다. 독서를 통해 배웠지만 김형효, 김용옥, 최진석, 홈스 웰치 등 먼저 길을 열어 주신 선생들께 감사드린다. 어느덧 지천명이 가까이 다가왔다. 학문의 길은 이제부터라고 의지를 새롭게 다진다. 강호의 여러 선생들이 아낌없이 꾸짖고 이끌어 주시리라 기대한다.

2018년 정월 왕십리에서

윤지산

1
—

합포지목
생우호말

合抱之木
生于毫末

아름드리나무도 새싹에서 자란다

복사꽃이 눈처럼 휘날린다. 막 피어난 살구는 수줍은 듯 고요하다. 계곡은 낙화를 안고 유유히 흘러간다. 계곡은 투명하다. 꽃 그림자가 돌부리에 잠시 쉬어 간다. 순간, 창공을 배회하던 보라매가 산천어를 낚아챈다. 동시에 솔잎 몇 가닥이 매의 발톱으로 날아든다. 아름드리 황산송에 걸터앉은 소녀의 섬섬옥수(纖纖玉手)[1]에서 날아왔다. 놀란 매는 물고기를 놓고 하늘로 향하다 다시 소녀의 어깨에 내려앉는다. 담혜(澹兮)는 아무 일 없었다는 듯 연방 하품한다.

새는 멀리 광명정(光明頂)을 물끄러미 쳐다보다 푸드덕 힘차게 날아오른다. 광명정은 천자도(天子都)의 주봉이다. 천자도는 훗날 이산(黟山), 황산(黃山)으로 불리는 중원 최고의 명산이다. 해발 1860m, 광명정 정상의 널따란 바위에 앉으면 동으로는 바다가, 서로는 연화봉을 비롯한 여러 봉우리가 눈에 들어온다. 북쪽으로 사자봉이 늠름한데 그 사이 허공에서 손닿을 거리에 비래석(飛來石)이 우뚝하다. 비래석에는 하늘에서 날아왔다는 전설이 있다. 그래서 비래석이라 부른다. 신선이 좋아하는 복숭아처럼 생겼다고 해서 선도석(仙桃石)이라고도 한다.

매는 비래석에 정좌한 노인에게 날아간다. 노인은 황산송처럼 가만히 아래를 굽어본다. 검은 눈동자는 깊고 고요하게 빛난다. 매는 바람을 타고 빙글빙글 돌며 담혜 어깨로 자연스레 내려앉는다. 매가 담혜의 귀를 부리로 쓰다듬는다. 담혜는 고개를 끄떡이다 이내 버럭 소리를 지른다.

"할아버지가 빨리 절성당(絶聖堂)으로 오래!"

대련하던 두 소년이 동시에 담혜를 쳐다본다. 담혜는 줄곧 둘이 겨누는 모습을 지켜보고 있었다. 도기(道紀)와 지상(知常)이다. 도기는 얼굴이 둥글고 몸집이 크다. 순박하고 넉넉해 보이지만 약간 둔하다. 반면 지상은 각진 얼굴에 몸매가 탄탄하다. 강하고 단단한 기운이 흘러나온다. 무공은 지상이 늘 한발 앞서갔다. 수련하면 도기는 늘 수세에 몰린다. 그러나 쉽게 꺾이지 않는다.

담혜와 도기, 지상은 같이 자랐다. 나이가 엇비슷하다. 셋 중 담혜가 무예나 공부에서 제일 뛰어났다. 도기는 힘겹게 쫓아갔고 지상은 곧 다가갔다. 어떤 때는 지상이 담혜를 이긴 적도 있었다. 그러면 담혜가 한 발짝 훌쩍 뛰어 달아났다.

담혜가 앞장서고 둘이 거리를 두고 따라간다. 담혜의 몸이 곡선지자 이들 사이에 조금씩 간격이 생기기 시작한다. 지금 그만큼 떨어져 있다. 모두 초여름 잎새처럼 싱그럽다. 석양이 담혜의 목덜미로 떨어지게 하얗게 빛난다. 보라매는 창공을 선회하며 이들을 지켜보다 높이 한 점으로 사라진다. 순간 이들의 그림자도 구룡폭포에 다다르자 자취를 감춘다.

구룡폭포는 짙은 운무를 뚫고 승천하는 용과 닮았다. 천도봉, 옥병봉, 연단봉에서 발원해 잠시 숨을 고르다 향로봉과 나한봉 사이로 지름 300m 아홉 구비를 굽이쳐 낙하한다. 총 길이 600m. 큰비가 내리면 용 비늘이 떨어지듯 진주 같은 물방울이 쏟아져 내린다.

산정 제1폭포를 중간에 두고 '凹(요)'처럼 생긴 동굴이 있다. 멀리서 보면 마치 용의 눈동자 같아 용안이라고 부른다. 그 사이에 '凸(철)' 바위가 솟아나 있다. 콧마루 같은 모양을 따라 비량(鼻梁)이라고 한다. 구룡폭포가 시작하는 첫 폭포는 용머리처럼 생겨 용두라는 별칭이 생겼다.

담혜가 비량을 어루만지자 용안이 열린다. 용안 안으로 좁고 어두운 동굴이 있다. 두서너 식경(食頃)[2] 가다 보면 넓은 공터가 나온다. 굽은 소나무를 그대로 기둥 세우고 갈대로 지붕을 엮은 집 몇 채가 올망졸망하다. 천녀화, 목련, 홍두삼, 영지가 무성한 밭 사이로 학두서 마리가 한가롭게 거닐고, 짧은꼬리원숭이는 황산송 이쪽저쪽을 곡예 한다. 영지는 참나무 뿌리를 힘 삼아 조심스레 싹을 틔우고, 꽃잎이 진 복숭아나무는 첫 열매를 맺었다.

절성당은 한가운데 있다. 현판은 기교를 부리지 않아 언뜻 보면 아무렇게나 쓴 것처럼 멋이 없는데, 한참 들여다보면 묘한 맛이 있다. 아주 뛰어난 것은 마치 서툰 것처럼 보인다[대교약졸 大巧若拙].

담혜는 인기척도 없이 문을 냉큼 열고는 나비처럼 사뿐히 노인 곁에 앉는다. 흙벽인 방안에는 가구도 장식도 없다. 다만 영지를 달인 질그릇만 화로에서 요란하다. 입구를 비워 두고 모두 둥글게 앉아 있다.

지상은 들어서며 가볍게 묵례한다. 뒤를 따라오던 도기는 문지방에 쓸려 넘어진다. 습명(襲明)과 요묘(要妙), 현덕(玄德)은 눈살을 찌푸린다. 가운데 편하게 정좌한 노인은 그저 웃는다. 멋쩍게 일어나던 도기와 눈이 마주친다. 노인은 정겨운 눈으로 도기를 바라본다. 노인은 거친 갈포를 걸치고 머리도 삼끈으로 아무렇게나 묶었다. 눈썹과 수염도 하얗게 셌다. 이마가 나와 눈이 깊어 보이고 볼은 아기처럼 통통하다. 양귀비처럼 붉은 입술이 얼음처럼 맑은 피부를 바탕으로 더욱 빛난다. 몸집도 통통해 편안하고 부드러운 느낌을 준다. 막 살이 오르는 아기 같은 인상이라 마주하는 사람은 절로 마음이 즐거워진다. 그러면서 늘 범접할 수 없는 기운이 감돈다.

노인은 바로 노자이다. 중원의 절대 강자. 한때 중원은 서노동공(西老東孔)[3]으로 양분되어 있었다. '무위(無爲)'를 앞세운 노자와 '인의(仁義)'의 기치를 내건 공자가 주인공이다.

공자는 천하 평정의 욕심이 있었다. 어떤 날 공자는 홀연히 낙양에 나타났다. 천하는 긴장했다. 승패에 따라 중원의 흐름이 바뀔 것이었다. 그런데 공자가 소리 없이 돌아가고 잇달아 노자도 중원에서 행적이 묘연했다. 절대 강자가 사라진 중원은 혼란에 휩싸였다. 노자가 신선이 되어 승천했다는 억측만 무성했다. 더 강한 무공으로 곧 중원으로 돌아올 것이라는 소문도 진원지 없이 퍼져 나갔다. 노자가 천도봉 구룡폭포 안에 은거하는지 세상 누구도 몰랐다.

분위기가 자못 엄숙해지자 도기는 머리를 긁적이며 실없이 웃는다. 해맑다. 맑은 영지차 향이 방안 가득하다. 습명이 다기에서 차를 따른다. 차가 찻잔 속으로 부드럽게 떨어지며 한 방울도 밖으로 새지 않는다. 습명이 다기를 들자 물길이 뚝 끊긴다.

"찻잔이 좋군요. 낙수와 절수가 절묘하니……."

습명이 차향을 적시며 운을 뗀다.

"글쎄, 다른 것은 몰라도 다기는 탐이 나더이다."

노자가 슬쩍 받아친다. 요묘와 현덕이 엷게 웃는다. 노자는 늘 귀한 물건을 욕심내거나 곁에 두지 말라 가르쳤다. 습명이 은근히 비꼰 것이다. 노자는 자신이 틀렸다 인정하면서 허허롭게 웃는다. 엄밀히 말하면 습명, 요묘, 현덕은 노자에게는 제자이다. 오랜 세월 같이하다 보니 사제(師弟)의 경계가 허물어졌다. 노자는 이들을 친구처럼 대하고 스승이라는 권위를 내세우지 않는다. 요묘와 현덕 두 사람만이 속내를 읽는다. 현덕이 나선다.

"이제 말씀하시지요?"

"그럴까요. 담혜야, 너도 저쪽으로 가서 앉아라."

담혜는 노자에게 하나뿐인 핏줄이다. 외동딸은 남편을 전쟁에서 잃고 친정으로 돌아왔다. 그때 이미 배가 불러 있었지만 넋이 나간 듯했고 몸도 허약해질 대로 허약해졌다. 그러면서도 어미로서 몫을 다하려 애썼다. 외로운 생명은 그렇게 세상에 나왔다. 담혜를 해산하고 마지막 안간힘을 쓰던 어미는 맥이 풀렸다.

노자는 일찍 상처(喪妻)했다. 젊은 시절 노자가 수련을 떠난 사이 융족이 낙양에 난입했다. 소식을 듣고 노자가 급히 도성으로 돌아왔을 때 아내는 이미 절명한 뒤였다. 싸늘한 시체에 안겨 어린 딸이 울고 있었다. 딸이 또 전쟁 탓에 세상을 떠나갔다. 분노도 슬픔도 돋아나지 않았다. 빠알간 아기가 어미를 잃고 사지를 하늘로 곧추세우고 울었다. 종일 울어도 목이 쉬지 않았다.

하루를 지켜보던 노자는 아기를 포대에 감싸고 낙양성을 나섰다. 동이 틀 무렵 성문 문지기가 노자를 알아보았다. 문지기는 문을 잠그고 길을 터 주지 않았다. 무언가 부탁하는 듯 한참 노자에게 매달렸다. 노자는 고개를 끄덕이고 미명 속으로 사라졌다.

담혜는 뿌루퉁한 표정으로 건너편으로 자리를 옮긴다.

"너희 셋에게 부탁이 있다."

지상은 사형들의 눈치를 먼저 살핀다. 도기는 부탁이라는 말에 그저 놀란다. 담혜는 마치 예견이라도 한 듯이 담담하다. 선배들은 못마땅한 표정이다.

"스승님, 저들은 아직 무공이 약한데 대임을 맡기기는……."

불만이 섞여 말끝이 흐려진다. 입문 순서나 무공으로 보면 선배가 중임을 맡아야 한다.

며칠 전 이에 대한 논의가 있었다. 노자가 비급(祕笈)[4]인《도덕경》을 완성하고 모두를 소환했다. 지상과 도기, 담혜는 부르지 않았다. 비급을 악인의 손에 넘어가게 하지 않고 온전히 함곡관(函谷關)의 윤희(尹喜)에게 전하는 일이었다. 윤희는 함곡관의 수문장이지만, 밤에는 태행산(太行山)에서 무공을 연마하는 숨은 고수였다. 현덕 등이 직접 가겠다고 했지만 노자는 만류했다. 젊은이에게 기회를 주어야 한다고 설득했다.

"경험이 있어야 경험을 넘어서는 법."

노자가 일갈하자 모두 입을 다물었다.

"담혜는 지나치게 총명하고, 지상은 강함만 쫓고, 도기는 아둔하고 느리니, 자칫하면《도덕경》이 악인의 손에 들어가 천하를 흔들까 걱정입니다."

습상이 염려스러운 듯 조용한 분위기를 깨고 나왔다.

"그러나 저들에게는 욕심이 없다."

평소답지 않게 노자는 단호한 어조로 말을 끊었다. 노자는 욕심보다 더 큰 화는 없다고 늘 강조했다. 제자나 사제를 믿지 않는 것은 아니었다. 하지만 비급을 보면 욕심이 서려 가로챌 수도 있기 때문이었다. 마음이 순전하다면 그럴 일이 없다.

"소자들이 무엇을 하면 되는지요."

지상이 먼저 나선다. 노자는 얼굴이 약간 굳어진다. 지상은 늘 앞서고 싶어 한다. 낮추고 뒤로 하라 일러도 지상은 성정을 이기지 못한다.

"이 서책을 태행산 윤희에게 전하면 된다."

노자는 죽간 뭉치를 셋 앞에 던져 준다.

"지상에게는 습상이, 담혜에게는 요묘가, 도기에게는 현덕 사숙이 따라간다. 부디 몸을 낮추고 마음을 부드럽게 하라. 이 일은 어쩌면 아무것도 아닐 수 있다. 어려움과 쉬움은 서로 이룬다[난이상성難易相成]."

노자는 어린 제자가 중임에 눌려 자칫 긴장해 굳어질까 봐 마음을 풀어 준다.

"어떻게 가야 해요?"

담혜가 사태를 파악했다는 듯이 길을 묻는다.

"길을 길이라 말하면 늘 그러한 길이 아니다[도가도비상도 道可道非常道]."

담혜만 고개를 끄덕인다. 도기는 의미를 헤아리지 못한다.

"바보야, 우리가 가는 길을 적이 알면."

담혜는 노자의 말을 제 나름으로 짚는다. 노자는 가타부타 더 설명하지 않는다.

"갈 길이 멀고 험하다. 천도봉에서 낙양 태행산까지 대략 3000리 길이다. 하찮고 자잘하더라도 절대 소홀히 하지 마라. 하늘 아래 아무리 어려운 일이라도 반드시 쉬운 데서부터 지어지며, 하늘 아래 아무리 큰일이라도 반드시 미세한 데부터 지어진다[천하난사 필작어이, 천하대사 필작어세 天下難事 必作於易, 天下大事 必作於細]."

노자는 말을 아낀다. 말이 멍에가 되어 어린 제자를 짓누를지 모른다. 어차피, 세상은 그들의 몫이다. 슬픔도 기쁨도 모두 그들의 것. 노자는 눈을 감는다. 습상이 각진 턱을 저으며 나가라는 신호를 한다. 담혜는 서운한 얼굴이다. 지상은 어리둥절한 도기를 보고는 옷깃을 채고 나간다.

"행여 비급이 다른 손에 넘어가면 저들의 목숨은 물론이거니와 천하가 혼란에 빠질 것입니다. 지금이라도 명을 거두시는 것이……."

뒤에서 웅성거리는 소리가 들려온다. 노자는 요지부동이다.

"날카로운 것은 오래가지 못한다. 통나무 같은 저들을 보라!"

도기는 잠들지 못했다. 무섭고 두려웠다. 태어나 처음 마주한 세상도 여태 살아온 세계도 천자도였다. 천자도라면 눈감고 어디든 갈 자신이 있었다. 계곡은 어머니 같았고 산은 아버지 같았다. 사부와 사숙은 엄했지만 때론 한없이 다정했다. 담혜와 지상은 형제 같았다. 담혜가 부쩍 까탈스러워졌지만 그래도 싫지 않았다.

혼자 가야 한다. 창밖에서 소쩍새가 길게 운다. 도기는 눈물을 훔치며 스르륵 잠들었다. 얼마쯤 지났을까? 밖에서 발소리가 어지럽다. 지상과 담혜는 벌써 길을 나선다. 도기는 하현달이 서성이는 하늘을 바라본다. 달은 남쪽으로 조금씩 달아난다. 도기는 시간을 가늠한다. 자리를 털고 봇짐을 싼다. 하직 인사하러 절성당으로 향하다 몽필생화(夢筆生花)를 바라본다. 몽필생화는 붓끝처럼 생긴 바위에 소나무 한 그루가 꼿꼿이 서 있다. 새벽 공기가 차다. 도기는 눈을 비비고 몽필생화를 다시 바라본다. 늘 소나무 한 그루뿐이었는데 오늘은 이상하게 둘처럼 보인다.

'잘못 보았나?'

도기는 속말을 한다. 절성당으로 가는 걸음을 돌연 튼다. 몽필생화는 40m가 넘는 뾰족한 바위이다. 여간한 공력으로는 오르지도 못한다. 노자는 한없이 슬픈 눈으로 황산을 내려다본다. 안개를 바다삼아 봉우리 몇 개가 흘러 다닌다.

"문안드립니다."

도기가 숨을 고르며 소리친다. 노자는 가부좌를 풀고 사뿐히 내려앉더니 도기를 낚아채고 다시 몽필생화로 오른다. 순식간이라 도기는 정신이 없다. 안개가 서서히 걷히고 계곡이 희미하게 드러난다. 태양이 솟는지 붉은빛이 운무 속으로 스며든다.

"도기야."

낭떠러지가 발밑으로 드러나자 도기는 현기증을 느낀다. 더군다나 노자의 말도 바람에 섞여 들리지 않는다.

"지금 떠나느냐?"

"예."

이제야 도기는 힘차게 대답한다.

"두려우냐?"

도기가 우물쭈물한다.

"저는 담혜보다 지혜가 모자라고, 무공도 지상이가 훨씬 더 센걸요."

"저 계곡을 보아라!"

구룡폭포에서 세차게 떨어지던 물은 계곡에서 유유히 흐른다. 도기는 무서움이 앞선다.

"물은 뭇 생명을 이롭게 하지만 절대 앞을 다투지 않는다[수선리만물이불쟁 水善利萬物而不爭]. 그저 저렇게 천천히 간다. 또 한없이 자신을 낮춘다. 무(武)도 도(道)도 어쩌면 물을 닮았을지 모른다."

도기는 멀뚱멀뚱 노자를 쳐다본다. 노자는 단정하지 않고 말끝을 흐린다. 도기가 완전히 이해했는지 채근하지도 않는다. 하현달은 점점 빛을 잃어 간다. 장강(長江) 같은 은하수도 꼬리를 감춘다.

"모두 저 별처럼 되려고만 한다. 보아라! 어둠이 없으면 별 또한 빛을 잃고 사라진다."

도기는 사라져 가는 달을 올려다본다. 갈수록 오리무중이다. 도대체 무공하고 무슨 상관인가? 스승은 아무도 넘볼 수 없는 경계에 들어섰다고 들었다. 강해지는 비결은 무엇도 일러 주지 않는다. 도기는 내심 불만이다. 도기는 노자를 힐끗 훔쳐본다. 스승의 눈에서 곧 눈물이 쏟아질 것 같다. 도기는 영문을 몰라 허둥댄다. 몽필생화는 두 사람이 앉기는 좁다. 넘어지려는 도기를 노자가 잡는다.

"사부님, 왜……."

눈물 한 방울이 떨어져 고요한 여울에서 부서진다.

"어리석은 위정자 탓에 백성이 울지 않느냐? 백성이 굶주리는 것은 가혹한 세금 탓이고, 백성의 삶이 불행한 것은 위정자가 잔꾀를 부리기 때문이다[민지기 이기상식세지다, 민지난치 이기상지유위 民之飢 以其上食稅之多, 民之難治 以其上之有爲]."

"사부님 무공으로 저들을 징벌하면 되지 않습니까? 못된 정치인들 말입니다."

노자는 희미하게 웃는다. 왠지 그 모습이 더 슬프다.

"지금은 그렇게 하더라도 다음 세대는 어쩔 텐가."

도기는 머리를 긁적인다.

"세상에《도덕경》을 전하려는 내 뜻을 알겠느냐."

도기가 비틀 흔들린다. 아침 바람이 산들 분다. 도기는《도덕경》이 무공 비급인 줄만 알았다. 그보다 깊은 뜻이 숨어 있는지 꿈에도 생각하지 못했다.

"네 임무가 그만큼 막중하다."

"하오나 소자, 무공이 약해 감당할 자신이 없습니다."

"진정 강한 것이 무엇인지 아느냐?"

"적수가 없으면 천하막강(天下莫强)입니다."

"그럴 테지."

도기가 잠시 우쭐한다.

"하나 마지막 남은 적은 어찌 제압하려느냐?"

"천하 모두를 물리쳐도 또 상대가 있습니까?"

노자는 고개를 끄덕인다. 도기는 모르겠다는 듯 눈만 껌뻑거린다. 노자는 손짓으로 도기를 가리킨다. 도기는 무엇인가 잡은 것 같았지만 이내 사라진다. 노자는 도기가 스스로 깨닫기를 기다린다. 두 사람 사이에 침묵이 짧게 흐른다.

"자신!"

"예…… 옛?"

도기는 미처 생각하지 못한 답을 듣자 놀라 반문한다.

"너는 진정한 강함을 모른다."

황산송이 늙은 가지를 떨어뜨린다. 가지는 절벽에 부딪혀 산산이 부서진다.

"네가 아는 강함이 바로 저 나뭇가지와 같다. 단단하고 굳센 것은 저처럼 부러진다. 곧 죽음의 무리다[견강자사지도 堅强者死之徒]. 살아 있는 것을 보라! 약하나 부드럽지 않으냐? 진정한 강함이란 저 연약한 것을 지키는 것이다[수유왈강 守柔曰强]."

"그럼 유가 곧 강을 이기는 것입니까?"

도기의 눈빛이 초롱초롱 빛난다.

"그렇다. 약함이 강함을 이기고 부드러운 것이 딱딱함을 이긴다[약지승강 유지승강 弱之勝强 柔之勝剛]."

도기는 여태 빠르고 날카로운 무공을 쫓았다. 상대를 일격에 누르고 싶었다. 힘을 잔뜩 실어 공격하다 제풀에 지치곤 했다. 노자는 달랐다. 부드럽게 권법을 펼치면서도 호흡이 가쁘지 않았다. 도기의 머릿속은 여명처럼 여전히 희미하다.

"그럼 진정 강해지면 어떻게 해야 합니까?"

"스스로 이겨야 한다[자승자강 自勝者强]."

도기는 점점 더 미궁에 빠진 기분이다. 자신을 왜, 또 어떻게 이겨야 하는가? 천하를 굴복시켜도 결국 자신은 남는다는 말이 이런 뜻인가?

"자신을 어떻게 하면 이길 수 있습니까?"

보라매가 큰 날개를 펼쳐 바람을 탄다. 원을 크게 그리며 노자에게로 서서히 하강한다. 노자는 알았다는 듯 끄덕한다.

"도기야."

긴장한 도기를 다독이는 부드러운 목소리다.

"갓 태어난 아기는 어떠냐. 약하고 부드럽지 않으냐? 그러나 사람이 죽으면 어떠냐? 굳고 딱딱하지 않더냐[인지생야유약 기사야견강 人之生也柔弱 其死也堅强]. 사람이 크면서 욕심이 기를 부려 그렇다[심사기 心使氣]. 그럼 굳고 딱딱해진다. 사람이든 사물이든 강장하면 곧 늙어 버린다. 이를 부도(不道)라고 한다. 도가 아니면 일찍 사라진다[위지부도 부도조이 謂之不道 不道早已]."

"그럼 기가 마음을 부리게 해야 합니까?"

"글쎄다. 너무 앞서가려고 하는구나. 천천히 가도 좋으련만."

노자는 도기를 안고 몽필생화를 내려온다. 도기는 출발하라는 스승의 뜻을 알아차린다. 허리를 약간 굽히고 두 손 모아 예를 올리고 돌아선다. 노자가 다시 도기를 부른다.

"적을 가볍게 보는 것만큼 큰 화는 없다[화막대우경적 禍莫大于輕敵]. 늘 처음처럼 조심하고 또 조심하라[신종여시 愼終如始]. 겨울 살얼음을 건너는 것처럼 삼가고 사방을 두루 살피라[약동섭천 약외사린 若冬涉川 若畏四鄰]."

말을 마치고 노자는 허리끈을 풀어 도기에게 건넨다. 비단을 새끼처럼 꼬았다. 도기는 한 번 더 예를 올리고 허리를 동여맨다. 스승 너머로 천도봉이 하늘을 가르며 기세가 당당하다. 아직 도기에게는 봉우리만 보인다. 단지 산이 높을 줄만 알았다. 계곡이 깊어야 산도 높다.

[1] 섬섬옥수(纖纖玉手) : 가냘프고 고운 여자의 손.

[2] 식경(食頃) : 밥을 먹을 동안이라는 뜻으로, 잠깐 동안을 이르는 말.

[3] 서노동공(西老東孔) : 서쪽은 노자, 동쪽은 공자의 영향 아래에 있었다는 뜻.

[4] 비급(祕笈) : 가장 소중히 보존되는 책.

2

도은무명

道隱無名

도는 숨어 이름이 없다

노자는 초나라 고현(苦縣) 여향(厲鄕) 곡인리(曲仁里) 출신이다. 성은 이(李)이고 이름은 이(耳), 자는 담(聃)이다. 옛날에는 '李(이)'와 '老(로)'가 발음이 같아 둘을 혼용했다. '노자'라고 굳어진 것은 한참 훗날이다. 노자는 어려서부터 총명해 아버지에게 국가흥망, 전쟁승패, 천문에 관해 자주 물었다. 아버지가 대답할 수 없는 것이 많았다.

마침 상용(商容)이라는 현자가 고현에 유배를 와 있었다. 상용은 주나라 간왕(簡王)에게 진언하다 미움을 샀다. 당시 주나라의 권위는 땅에 떨어졌고 진(晉), 진(秦), 초(楚), 정(鄭), 송(宋) 등 제후국이 천하 패권을 두고 골육상잔의 전쟁이 가시지 않았다. 따지고 보면 제후국 은 모두 주나라에서 갈라져 나온 형제였다. 상용은 천문지리, 고금예 악(古今禮樂)[5]에 두루 밝았다. 왕에게 하늘의 도리와 부국강병에 대 해 건의했지만 왕은 듣지 않았다. 상용이 성가셨던 왕은 황하 남쪽으 로 유배를 보냈다. 상용은 어린 담을 제자로 받아들였다.

담은 상용이 가르치는 것보다 더 빨리 성장했다. 상용은 태공망

(太公望)[6]이 창안한 무예도 전수했다. 상용은 정성을 다했다. 3년이 지나자 담은 어떤 면에서는 스승을 능가했다. 배우면 배울수록 단순한 현상보다 세상이 돌아가는 궁극적 이치가 더 궁금했다. 상용은 제자가 성장하는 모습이 대견하면서도 조심스러웠다. 상용은 노담이 자기가 담을 수 있는 그릇이 아니라는 것을 깨닫기 시작했다. 노담도 코 밑에 수염이 새싹처럼 연하게 돋아났다. 대련을 마치고 둘이 마주 앉았다. 상용이 말했다.

"하늘과 땅 사이에 사람이 제일 귀하고, 사람 사이에는 왕이 근본이다."

노담은 즉각 되물었다.

"하늘은 무엇입니까?"

"저 위에서 맑고 맑은 것(淸淸)이 하늘이다."

담은 하늘을 짧게 응시하다 다시 물었다.

"맑고 맑은 것은 무엇입니까?"

노담은 보이는 것보다 보이지 않는 도(道)에 더 목이 말랐다.

"맑고 맑은 것은 태공(太空)이다."

"그럼 태공 위에는 무엇이 있습니까?"

"맑고 맑은 것보다 더 맑은 것이 있다."

"그 위에는 또 무엇이 있습니까?"

상용은 말문이 막혔다. 노자는 한번 의문이 일면 끝까지 답을 확인하고 싶어 했다.

"맑음이 다하면 그다음은 무엇이 있습니까?"

상용도 거기까지는 생각해 보지 않았다. 상용은 솔직한 사람이었다. 어린 제자에게 거짓을 가르치고 싶지 않았다.

"내 스승께서도 가르쳐 주지 않았고, 또 책에도 그런 내용이 없더구나. 나는 모르겠다. 너 스스로 찾아보아라."

밤이 깊었다. 노담은 예를 올리고 물러났다. 집으로 향하는 길에 돌부리에 걸려 몇 번이고 넘어졌다. 집에 닿자마자 아버지에게 똑같이 물었다. 아버지도 답을 내리지 못했다. 어머니도 마찬가지였다. 노담은 밤새 뒤척이며 잠들지 못했다.

이튿날 상용은 노담의 부모를 모셨다.

"담은 제가 담을 그릇이 아닙니다. 큰 곳 낙양으로 보내십시오."

어머니는 흐느껴 울었다.

"담은 이제 겨우 열세 살입니다. 어찌 그 먼 데까지 보내겠습니까?"

"낙양에는 현사(賢師)[7]도 서적도 무척 많습니다. 담이 가면 반드시 훌륭한 스승을 만날 것입니다. 궁벽한 시골에서는 못 구하는 진귀한 책이 왕실 도서관에 가득합니다. 부디 담의 재주를 꽃피게 해 주십시오. 옥돌은 반드시 깎아야 보석이 됩니다."

상용은 간절했다. 스승으로서 한계를 솔직히 고백했다. 그의 경지가 얼마나 높은지 보여 주는 단면이다. 아버지는 달랐다. 아들을 더 키우고 싶었다. 그러면서 어린 자식을 품 안에서 보내기를 망설였다. 상용이 다시 나섰다.

"제 사형이 태학박사로 있습니다. 담을 거기로 보낼까 합니다. 태학박사는 학식이 깊고 뜻이 큽니다. 현사를 모시고 인재를 키우는 것을 낙으로 여깁니다. 박사는 총명한 아이를 뽑아 가르치고 있습니다. 의식주는 걱정하시지 않아도 됩니다."

아버지는 그제야 마음이 놓였다. 상용이 말을 이어 갔다.

"제가 벌써 박사께 담의 소식을 전했습니다. 책을 보내시고는 빨리 보내라 여간 재촉이 아닙니다."

아버지와 어머니는 승낙하고 담에게 그간의 이야기를 전했다. 어머니는 옷고름으로 연신 눈물을 닦았다. 아들이 아직 떠나지도 않았는데 이미 천 리 밖 낙양에 있는 것처럼 느껴졌다. 노담도 엄마 품에 쓰러지면서 울었다.

"어머님, 걱정하지 마십시오. 선생님의 기대를 저버리지 않고 반드시 학업을 성취하겠습니다. 빨리 돌아와 어머니를 모시겠습니다."

노담은 어머니를 먼저 위로했다. 모자는 울면서 웃었다. 며칠 뒤 노자는 상용에게 하직 인사를 하러 갔다. 노담은 무릎을 꿇고 예를 갖췄다.

"소자, 선생님의 명을 받고 먼 길을 떠납니다. 마지막 말씀을 청할까 합니다.”

상용은 불쑥 자기 입을 가리켰다. 연로한 상용은 이빨이 몇 개 남지 않았다. 노담은 영문을 몰라 뭉그적거렸다.

“내가 마지막으로 일러 줄 말이다. 잇몸과 이빨 중 어느 것이 더 단단하냐?”

노담은 저도 모르게 피식 웃었다. 스승의 눈빛이 따갑게 와 닿았다. 노담은 멈칫했다. 상용은 답을 기다리지 않고 재차 물었다.

“어느 것이 더 오래가냐?”

“잇몸입니다.”

“그렇다. 부드럽고 약한 것이 바로 도에 가깝다.”

노담은 거기까지 미처 생각하지 못했다. 어떤 때는 스승을 넘어섰다는 자신도 있었다. 대련할 때 스승보다 강하다고 우쭐한 적도 있었다. 망상이었다. 상용은 제자를 살피며 일으켜 세웠다.

“발꿈치를 들고 서 보아라.”

노자가 말을 따랐다. 곧 제자리로 내려섰다.

“기자불립(企者不立)[8]. 도는 멀리 있지 않다. 거기에 있다. 교만은 가장 큰 적이다. 교만은 발꿈치를 들고 억지로 서는 것.”

상용은 노담의 등을 가볍게 토닥였다.

“가거라.”

노담은 충격에 휩싸여 길을 떠났다. 초나라 고현에서 주나라 수도 낙양까지는 지름길로 가면 천 리이다. 빨리 걸으면 한 달이 넘는 여정이다. 노담은 또 다른 세계를 만나지만 눈길이 가지 않았다. 스승이 준 문제를 내내 생각하고 또 생각했다.

'왜 유(柔)가 도에 가까운가? 사부께서는 왜 가깝다고 했을까?'

저도 모르는 새 낙하(洛河)에 도착했다. 낙하는 전욕령(箭峪岭)에서 협서, 하남을 거쳐 500km를 유유히 흘러 황하로 들어간다. 낙양은 낙하 북쪽에 자리한 수도이다. 산의 남쪽, 즉 강의 북쪽에 위치해서 '양(陽)'이라는 이름을 쓴다. 낙양 북쪽은 태행산, 아래쪽은 낙하이다. 노담은 깊고 천천히 흐르는 강을 한동안 바라보았다.

'물보다 더 부드러운 것이 세상에 또 있을까?'

노담은 무언가 얻은 듯 자리를 박차고 일어섰다. 담은 총명하나 아직 학문이 깊지 않다. 머리에 스쳐 가더라도 언어로 빚을 바탕이 없다.

태학박사는 노담을 보자마자 만면에 웃음이 가득했다. 노담은 근골이 좋고 눈빛이 총총히 빛났다. 박사는 소장한 책 전부를 담에게 주며 읽혔다. 고향에서는 이름조차 몰랐던 책이다. 노담은 《시경》이나 《서경》보다는 천문이나 지리, 태공망이 창안한 병법에 눈이 자주 갔다. 밤마다 남몰래 수련도 게을리하지 않았다. 3년이 지나자 달라진 외모만큼 정신도 성장했다. 박사는 후원을 아끼지 않고 노담을 지켜보며 변화를 읽었다.

박사는 왕실 도서관 하급 관리자로 노담을 추천했다. 용이 대해(大海)를 만난 듯 노담은 도서관이라는 새 세계를 만났다. 왕실 도서관은 천하의 모든 책을 모아 둔 보물 창고였다. 노담은 기갈이 든 것처럼 책을 섭렵했다. 낮에는 도서관에서 문(文)을, 밤에는 태행산에서 무(武)를 갈고닦았다. 또다시 3년이 지나자 이제 도서관에서도 더 읽을 책이 없었다. 모두 수없이 읽어 눈을 감고도 어떤 내용이 어디에 있는지 꿰뚫을 정도였다.

노담은 약관(弱冠)[9] 나이에 왕실 도서관 책임자로 승진했다. 주나라 역사상 유례가 없었다. 천하에 소문이 퍼져 나갔다. 이때부터 노자라는 존칭이 생겼다. 그런데 노자는 전혀 기뻐하는 기색이 없었다. 책도 읽지 않고 넋이 나간 것처럼 골똘히 생각에만 잠겨 있었다. 홀연히 낭아산(狼牙山), 남타산(南坨山), 양곡산(陽曲山), 왕망령(王莽岭)을 넘나들며 밤하늘을 하염없이 바라보거니 낙하를 깊이 응시했다. 그럴수록 명망이 더 쌓여 갔다. 중원에서 뭇 고수들이 찾아들었다. 몇 초식을 겨루지도 못하고 모두 무릎을 꿇고 돌아갔다. 노자는 30년 세월을 때론 도서관에 묻혀 때론 자연에 잠겨 보냈다.

노자가 지천명(知天命)[10]이 넘었을 무렵 젊은 공구(孔丘)가 낙양으로 찾아왔다. 산동(山東)을 제패한 공구는 패기만만했다. 공구가 나중에 공자로 불리는 것은 먼 뒷날 이야기다. 공구는 노자보다 20살가량 어리다. 노자를 꺾는다면 천하를 제패하는 절대 고수가 된다. 그

날 노자는 처소에 머물며 책을 읽고 있었다. 고요한 밤, 촛불이 까닭 없이 흔들렸다. 창문을 닫은 채 노자는 호흡을 끊고 명상에 잠겨 있었다.

'인기(人氣), 강하다. 강하기만 하다.'

노자는 방문을 나서며 중얼거렸다. 방이 좁아 운신이 불편하다. 자칫 상대의 암기를 당할 수도 있다. 차가운 달빛은 날 선 칼날처럼 시퍼렇다. 후원에서 댓잎이 사각 소리를 낸다. 고요가 무너진다. 순간, 바늘 같은 독침이 노자를 향해 날아든다. 노자는 넓은 소매를 휘감아 버린다. 바늘이 우두둑 떨어진다. 노자는 못마땅한 표정이다. 암수를 쓰는 그릇이라면, 혀를 찬다.

노자는 인기를 감지했을 때 기대가 컸다. 경험하지 못한 강한 기운이었다. 강함이 극한까지 갔다면 반드시 유로 돌아간다. 등 뒤에서 단검이 날아들면서 동시에 검은 복면이 공격해 온다. 노자는 왼손으로 검을 날려 버리고, 오른손으로는 공격을 막아 적의 목덜미를 가볍게 친다. 모두 찰나에 벌어진 일이다. 단검은 나무 기둥에 박혀 덜덜 떨다 멈춘다. 노자는 쓰러진 상대의 동태를 살핀다. 노자는 상대를 공격하지 않았다. 다가오는 힘을 되받아쳤을 뿐이다.

"선생님, 계십니까?"

누가 대문을 두드리며 다급하게 소리친다. 노자는 정황을 그려지는 듯 희미하게 웃는다. 밖이 소란해지자 노자 제자들 몇몇이 나온다. 제자가 대문을 열어 주자 9척(1척은 약 22cm) 장신의 거구가 등장한다. 정수리 부분이 움푹 들어갔고 귀가 입술 부근까지 내려왔다. 노자는 귀를 유심히 본다. 노자는 올 사람 왔다는 듯 입가에 미소가 번진다.

공구는 중원 동쪽을 제패한 영웅답지 않게 무릎을 꿇고 예를 갖춘다. 뜻밖의 일이다. 노자의 제자들이 먼저 놀란다. 낙양까지 이름날 정도라면 무공이 상당히 높다. 그런데 노자 앞에서는 마치 어린이 같이 공손하다. 노자는 자기를 낮추는 공구를 보고 달려가 일으켜 세운다.

기습한 것은 공구의 제자 남궁경숙(南宮敬叔)이었다. 산동 노나라에서 낙양 주나라에 닿자마자 남궁경숙은 곧바로 노자에게 달려갔다. 공구가 말릴 틈도 없었다. 남궁경숙은 천하가 넓은 줄 몰랐다. 천하에 비하면 산동은 작은 마을에 불과하다. 또 기습과 암수는 강호의 정도(正道)가 아니다. 설령 술수로 이긴다 하더라도 천하가 비웃는다.

사실 공구는 내심 노자와 일장을 겨뤄 자웅을 가리고 싶었다. 혈기 왕성한 터라 천하에 대한 욕심도 적지 않았다. 하지만 낙양까지 먼 길을 여행하면서 야심이 점점 엷어졌다. 새로운 세상을 만나면서 아집이 무너졌다. 나중에 공자는 이때 심경을 제자에게 술회했다.

"태산을 오르니 천하가 작더라[등태산이소천하 登太山而小天下]!"

자기 세계가 무너진 공자는 더 배워야겠다는 신념이 생겼다. 그래서 '호학(好學)'이라는 한마디를 평생에 걸쳐 마음에 품었다. 시간이 필요했지만, 공자는 결국 노자와 쌍벽을 이루는 거목으로 성장했다.

남궁경숙이 자리를 털고 공구 옆에 시립(侍立)[11]한다. 노자는 살의가 없어 급소를 피해 공격했다. 남궁경숙은 내상을 입지 않았다. 공구가 앞으로 나선다.

"감히 예에 대해 여쭈고자 합니다."

공자가 격식 없이 바로 치고 들어온다. 노자는 싱긋 웃는다. 노자의 제자들도 의외라는 듯 수군거린다. 고수 사이에 오가는 대화를 이해할 길이 없다. 물론 노자는 주나라의 예약이나 전장에 대해서 누구보다도 밝다. 공구는 무(武)에 대해서 직접 묻지 않았다. 무공이 높아지려면 그만큼 학식도 깊어야 한다. 공구는 나름 노자를 시험한다. 노자는 벌써 그 마음을 읽었다. 노자가 공구 쪽으로 조금 다가선다.

"예를 만들었다는 성현 이야기인가! 그대가 말하는 성현은 이미 육신이 썩었고 다만 말만 남았을 뿐이네. 새삼 들어서 무엇하겠는가."

목소리가 낮고 부드럽다. 한없이 다정하다. 공구는 자세를 고쳐 잡는다.

"아무리 뛰어난 인물일지라도 때를 만나야 하는 법. 어쩌면 그대나 나나 세상과 결이 다를지 모르네.”

공구는 속내가 들킨 것 같아 얼굴이 붉어진다.

“도탄에 빠진 백성을 구하려는 그대 마음을 내 어찌 모를손가!”

공구는 잠자코 듣고 있다.

“하나 진정한 도는 숨어 이름이 드러나지 않는다고 했소[도은무명 道隱無名]. 좋은 물건을 팔려면 깊이 숨겨 놓고 없는 듯이 하고, 군자는 덕이 융성해지면 도리어 어리석은 것처럼 보인다고 하더이다. 그대는 우선 굳은 마음이나 세상을 다 구하겠다는 욕심, 명예욕과 승부욕을 버리시오. 마음이 기를 부리니 욕심에 끌려 달리는 거요. 모두 그대 몸에 해가 될 뿐이오. 내가 그대에게 해 줄 말은 이것뿐이오.”

공구는 충격을 받아 한동안 말을 잊었다. 열다섯, 학문에 뜻을 두고(志學) 용맹정진하면서 포부를 키웠다. 아무도 원대한 뜻을 알아주지 않았다. 천하에서 고군분투하는 것 같아 외로웠다. 노자가 자신을 알아주었다. 지인을 만났으니 천하를 다 얻은 것 같았다. 기쁨도 잠시, 자기 신념과 일념이 단지 욕심이라니. 노자의 말이 뇌리에 깊이 박힌다. 공구는 더 묻고 싶다. 노자의 눈을 살피니 노자는 가만히 고개를 젓는다. 순간이지만 두 사람은 마음으로 많은 이야기를 주고받는다. 공구는 예를 갖추고 조용히 물러난다. 대문을 나서려는데 노자가 한마디 더 보탠다.

"가장 좋은 것은 물과 같소[상선약수 上善若水][12]."

공구는 터벅터벅 말없이 걷는다. 어깨가 축 내려앉았다. 남궁경숙이 뒤를 따라와도 의식하지 못한다. 한참 걸어 낙하 강변에 닿자 주저앉는다. 낙하는 조용히 흐른다. 강이 깊으면 오히려 소리가 없다. 대음희성(大音希聲)[13].

"가는 것이 이와 같구나[서자여사부 逝者如斯夫]!"

넋이 나간 듯 강물을 보고 있다 중얼거린다. 공구는 노자가 던져준 화두를 되새기다 무심코 말을 뱉는다. 공구는 여기서 어렴풋이 깨닫는다. 그러나 아직 씨앗일 뿐 자라려면 긴 시간이 필요하다. 문과 무는 모두 하나이다. 저 물처럼 흘러가는 것, 천하를 움직이는 도(道)도 저러한가? 생각만 깊다. 남궁경숙이 옆을 서성이다 말을 걸까 망설인다. 남궁경숙은 단 1합에 무너져 부끄럽다. 스승도 보이지 않게 내상을 크게 입은 것 같다. 처신이 어려워 주저한다.

"새는 잘 날고, 물고기는 헤엄을 잘 치며, 들짐승은 빨리 달린다. 그렇더라도 달리는 것은 그물로, 헤엄치는 것은 낚시로, 나는 것은 화살로 잡을 수 있다. 용(龍)은 다르다. 용은 바람이나 구름을 타고 승천하니 어떻게 할 수 없다. 오늘 노자를 뵈니 마치 용과 같구나!"

천하가 주시하던 노자와 공자의 대결은 싱겁게 막을 내렸다. 세속은 흥미를 잃었지만 두 사람은 많은 것을 얻었다. 노자는 거목이 성장하는 토대를 만들어 주었고, 공자는 덕분에 부족한 자신을 깨달고 더 맹진하는 계기가 되었다. 이후 두 사람은 황하나 양자강처럼 중국 역사를 관통하는 큰 물줄기 되었다.

주나라 경왕(敬王) 원년(기원전 519년), 주나라는 형제끼리 전쟁을 겪는다. 선대 왕인 경왕(景王)에게 원래 적장자가 있었으나 불행히 일찍 죽고 만다. 경왕은 대신 서자 중 맏이인 왕자 조(朝)를 총애한다. 조를 태자에 봉하고 대권을 물려주려 했으나 경왕은 객지에서 급사한다. 승계 원칙에 따라 왕자 맹(猛)이 왕위에 올라 도왕이 된다. 왕자 조는 불만을 품고 반역을 꾀하는 도왕을 살해하고 스스로 왕이 된다. 당시 주나라는 힘이 약했고 대신 제후국 중 진(晉)나라가 제일 강성했다.

진나라는 주나라를 개창한 무왕의 아들이자 성왕의 동생인 당숙우(唐叔虞)가 세운 나라이다. 주나라가 종갓집이고 진나라는 종가에서 갈라져 나온 일가이다. 옛 신료들이 신나라에 구원 요청을 한다. 왕자 조는 나라 안에 지지하는 세력도 없고, 또 밖에서 대군이 공격하니 고립무원(孤立無援)[14], 불가항력(不可抗力)[15]이었다. 조는 왕실 소장품과 도서관의 책을 모두 훔쳐 초나라로 도망간다. 이때 왕위에 오른 인물이 경왕(敬王)이다. 경왕은 도왕과 동모(同母) 형제이다.

도서관이 불타 버리자 노자는 주나라에서 할 일이 없어졌다. 또 형제끼리 살상을 벌이는 현실을 견딜 수가 없었다. 잦은 내우외환(內憂外患)[16]으로 여전히 고통받는 것은 백성이었다. 무공은 천하제일이지만, 그것만으로 전쟁으로 신음하는 백성을 구제할 수 없었다. 세상 밖에서 무언가 다른 길을 찾아야겠다고 노자는 결심했다.

노자는 도성 낙양을 벗어나 진(秦)나라로 길을 잡았다. 당시만 해도 진나라는 중원에서 두각을 나타내지 못했다. 중원 서쪽에 치우쳐 있었고, 농산물이나 자원도 풍부하지 않았다. 중원의 강대국들도 크게 관심을 두지 않았다. 노자는 그쪽이 은거하기 좋은 곳이라 생각했다.

낙양에서 서쪽 진으로 가려면 반드시 함곡관을 거쳐야 했다. 물론 돌아가는 길이 있지만 시간이 몇 곱절 이상 걸린다. 함곡관의 서쪽은 고원이고, 동쪽은 절벽이며, 남으로 진령(秦嶺)이 가로막고, 북으로 황하가 흐른다. 함곡관은 수레 한 대가 지나갈 정도로 좁다란 협곡이 길게 이어져 있다. 한 명이 막아서면 병사 천 명이 와도 못 지나간다는 말이 있을 정도이다. 진나라의 수도 옹도(雍都)에서 낙양으로 오려면 반드시 함곡관을 거쳐야 한다. 중원에서는 진나라를 오랑캐 취급했기에 진나라가 동진(東進)하는 것을 막으려면 함곡관을 사수해야 한다. 함곡관은 요충지 중의 요충지이다. 노자가 함곡관을 지나려 할 때 수문장이 윤희였다.

윤희는 수양이 깊은 인물이었다. 어려서부터 고서를 탐독했고, 천문에도 밝았다. 하루는 윤희가 누대에 올라 별자리를 살피는데, 동쪽에서 자색 구름이 몰려왔다. 길이가 3만 리이고 마치 용처럼 꿈틀

거렸다. 윤희가 혼잣말을 했다.

'자기(紫氣)가 동에서 흐르는 것을 보니 성인이 함곡관을 지날 모양이다. 성인은 모습을 감추고 흑우를 타고 온다고 했는데……'

윤희는 노자의 명성을 익히 듣고 있었다. 속으로 혹시 노자가 아닐까 생각한다. 수하에게 40리를 청소시키고 향을 피우며 성인이 오는 길을 맞는다. 며칠 후 서쪽 하늘에 석양이 비끼고 있을 무렵, 행객이 드문데 행색이 초라한 노인이 검은 소를 타고 온다. 노자가 모습을 숨긴 것이다. 언뜻 보면 그냥 시골 노인 같다. 윤희는 재빨리 내려가 무릎을 꿇고 예를 올린다. 노자도 걷는 윤희를 살핀다. 짙은 눈썹, 단정한 콧날, 위엄이 서려 있지만 차갑지 않은 인상. 노자는 윤희가 보통 인물이 아님을 간파한다. 윤희는 다짜고짜 노자를 관사로 모신다. 노자는 윤희를 한 번 더 시험한다.

"지체 높은 어른께서 천한 노인을 환대하시니 몸 둘 바를 모르겠습니다."

노자가 짐짓 사양한다.

"재주는 없으나 천문의 변화는 조금 압니다. 동쪽 하늘에 자기가 가득한데, 또 청우성(靑牛星)이 자기를 끌고 가는 형상이었습니다. 이것은 성인이 동쪽에서 검은 소를 타고 지나간다는 징조라고 생각합니다."

노자는 껄껄 웃는다.

"과찬이십니다, 과찬. 노부는 대명(大名)[17]을 듣고 그저 인사차 들렀습니다."

윤희는 노자가 무슨 말을 하는지 알아차린다. 도가 숨고 드러나지 않듯이 진정한 성인은 마치 순박한 촌부 같다. 노자나 윤희나 신분을 숨기기는 마찬가지이다. 이심전심(以心傳心), 마음이 통한다. 윤희는 곧 제자의 예를 갖춘다.

"성인은 혼자 지혜로운 것이 아니라, 천하 모든 사람을 지혜롭게 한다고 들었습니다. 지금 선생님께서 흔적을 감추시면 저희 같은 불민(不敏)한[18] 무리는 어디에 의지하겠습니까?"

노자의 기다란 흰 눈썹이 잠시 흔들린다. 윤희가 말을 잇는다.

"성인께서 저서를 남기시면 제가 재주는 없으나 그것을 세상에 전하겠습니다. 아름다운 향기가 저 멀리 후손까지 퍼질 것입니다."

노자는 허락한다. 이튿날 노자는 진나라를 경유해 서역까지 여행한다. 이후 노자를 본 사람이 아무도 없었다. 노자가 황산에 거처를 잡기 십수 년 전의 일이다.

[5] 고금예악(古今禮樂) : 예전과 지금의 예법과 음악.

[6] 태공망(太公望) : 흔히 말하는 강태공(姜太公)이다.

[7] 현사(賢師) : 어진 스승.

[8] 기자불립(企者不立) : 《도덕경》 24장에 나오는 말로, 발꿈치를 든 채로 오래 서 있지 못한다, 즉 기본에 충실하지 않으면 오래가지 못한다는 뜻.

[9] 약관(弱冠) : 스무 살을 뜻하는 말. 《예기》 〈곡례편(曲禮篇)〉에서, 공자기 스무 살에 관례(상투를 틀고 갓을 쓰게 하던 의례)를 한다고 한 데서 나왔다.

[10] 지천명(知天命) : 쉰 살을 달리 이르는 말. 《논어》 〈위정편(爲政篇)〉에서, 공자가 쉰 살에 하늘의 뜻을 알았다고 한 데서 나왔다.

[11] 시립(侍立) : 웃어른을 모시고 곁에 서는 것.

[12] 상선약수(上善若水) : 《도덕경》 8장에 나오는 말로, 최고의 선은 물과 같다는 뜻.

[13] 대음희성(大音希聲) : 《도덕경》 41장에 나오는 말로, 큰 소리는 너무 커서 소리가 나지 않는 듯하다는 뜻.

[14] 고립무원(孤立無援) : 고립되어서 누구에게도 도움받을 수 없는 처지를 이르는 말.

[15] 불가항력(不可抗力) : 인간의 힘으로는 어찌할 수 없는 힘.

[16] 내우외환(內憂外患) : 나라 안팎의 여러 가지 걱정거리.

[17] 대명(大名) : 널리 소문난 훌륭한 이름. 큰 명성.

[18] 불민(不敏)하다 : 어리석고 둔하여 재빠르지 못하다.

3

불귀난득지화

不貴難得之貨

얻기 어려운 보물을 귀하게 여기지 마라

담혜와 지상이 천자도를 빠져나오자마자 검은 그림자가 뒤따른다. 발소리가 나지 않는다. 몸이 가볍다. 인기(人氣)를 느낀 담혜가 고개를 틀면 순간 종적을 감춘다. 담혜는 걷다 돌아보기를 몇 번 반복하다 지상에게 속삭인다. 담혜는 쏜살같이 내닫고 지상은 가만히 서 있다. 그림자 일부가 흩어진다. 지상은 오던 길로 방향을 바꾼다. 뛰면서 죽간(竹簡)[19]을 단단히 챙긴다. 숲길을 한참 뛰었는데도 목덜미에 서늘한 기운이 가시질 않는다. 지상은 차오른 숨을 천천히 다스린다.

한편 담혜는 대로를 찾아 무작정 달린다. 상대가 몸을 숨기고 암수를 쓰면 감당하기 어렵다. 우선 적을 시야에 두어야 한다. 적도 보는 눈이 많은 곳에서 함부로 술수를 쓰지 않을 것이다.

'저들이 어떻게 알았지? 천자도에서 말이 나가지 않고는……'

담혜는 고개를 갸우뚱한다. 큰길로 접어들자 쫓는 무리가 사라졌다. 담혜는 지나가는 달구지를 얻어 타거나 걸어서 구자(鳩玆)로 향한다. 구자에서 뱃길로 장강을 건널 계획이다. 지상에게는 길을 달리해 구자로 오라고 이야기했다. 담혜는 혹 있을지도 모를 사태에 대비했다. 흩어지는 것이 방어에 유리하다고 생각했다.

저 멀리 구자가 보이는데 도시 위로 안개가 자욱하다. 남쪽에서 북쪽 낙양으로 가려는 사람들로 북적거린다. 먼 길을 떠나는 사람들은 우선 허기진 배를 채우려 들었다. 요리하는 장작불이 꺼지지 않고 음식 볶는 기름과 어우러져 마치 안개처럼 도시를 덮고 있다. 담혜는 모두 처음 보는 광경이다. 넘치는 인파, 산해진미(山海珍味), 옥으로 빚은 장신구, 화려한 비단. 담혜는 넋을 잃은 듯 사람 사이를 흘러 다닌다. 배에서 소리가 나도 개의치 않는다.

진한 향기가 코끝을 스친다. 담혜는 저도 모르게 방물 파는 가게 앞에 멈춰 선다. 주인 아낙이 냉큼 담혜의 손을 쥐고는 끌고 간다.

"예쁜 아가씨, 어디서 오셨나?"

담혜가 대답할 틈도 없이 주인은 물건을 내민다.

"요즘 이게 잘 팔린다오."

담혜는 무엇인지 몰라 어리둥절한 표정이다.

"향도 좋고, 색깔도 고와요. 예쁜 아가씨가 바르면 선녀가 따로 없을걸? 자, 향을 한번 맡아 봐요."

아낙은 담혜의 코 밑으로 나무 상자를 불쑥 들이민다. 담혜도 뿌리칠 겨를 없이 향을 맡는다. 주인장 얼굴에 묘한 웃음이 번진다. 미소가 음흉하다. 순간 담혜는 다리가 풀려 맥없이 무너진다. 속으로

아차 했다. 할아버지가 귀에 닳도록 한 말이 생각나서였다.

아름다운 색깔은 사람 눈을 멀게 하고, 아름다운 소리는 사람
귀를 멀게 한다〔오색령인목맹 오음령인이롱 五色令人目盲
五音令人耳聾〕.

할아버지가 잔소리하는 것 같아 담혜는 한 귀로 듣고 흘려 버렸
었다. 이제야 무슨 뜻인지 어렴풋이 감을 잡을 것 같았다. 담혜는 호
흡을 끊고 기를 승강시켜 독을 몰아냈다. 겉으로는 독에 취해 잠든
척했다. 지금 적을 상대해 봐야 힘이 부칠 것이다. 적이 노리는 것은
죽간이 아니라 다른 것인 듯했다. 만약 죽간을 노렸다면 더 강한 독
을 써서 단번에 제압하려 들었을 것이다. 그렇다면 무얼까? 담혜는
호기심이 발동했다. 아낙에게 무공이 느껴지지 않는 것도 마음이 놓
였다.

그 무렵 지상도 시장 어귀에 도착했다. 담혜 말대로 길을 달리
들었다. 역시 뒤따르던 검은 그림자는 두 패로 나뉘었다. 그런데 상
대가 무슨 꿍꿍이인지 섣불리 공격해 오지 않았다. 지상은 이미 단단
히 벼르고 있었다. 두려움보다 자신감이 피어올랐다. 그때 '와' 하는
함성이 터지면서 화살이 날아왔다. 지상은 검지와 약지 둘로 가볍게
받아 냈다. 난데없이 사냥꾼 무리가 씩씩거리며 나타났다. 지상은 화

살을 내동댕이쳤다. 사냥꾼들이 지상을 짐승으로 오인한 것이다. 사냥이 실패한 것을 보고 실망한 듯 그중 우두머리 같은 자가 침을 퉤 뱉는다.

"야! 노루 한 마리 못 봤냐?"

줄곧 뒤를 밟아 오던 그림자가 물러나자 사방이 고요해졌다. 인적을 피해 흩어진 것이다.

지상은 기분이 조금 상했다. 사내의 말투가 거칠기 짝이 없었다.

'나이가 좀 위라고 거참!'

불쾌해진 지상은 그냥 무시하고 돌아섰다.

"뭐야, 솜털 보송보송한 어린놈이 어른을 무시해?"

무리 뒤에 있던 사내 하나가 나선다. 일격을 먼저 날릴 기세이다.

"보아하니 사냥질하는 꼴인데 못 잡았다고 애꿎은 사람을 괴롭히고 그러나?"

지상은 고개를 슬쩍 쳐들고 내려 보며 거드름을 피웠다. 시정 불량배 같은 무리에게 밀리지 않을 자신이 있었다.

"뭐? 질, 꼴!"

분을 이기지 못한 쪽이 먼저 공격했다. 지상은 슬쩍 피해 달려드는 사내의 발을 걸었다. 사내는 허공으로 잠시 솟구쳤다 이내 땅바닥으로 곤두박질쳤다. 지켜보던 무리들은 웃음을 거두고 표정이 어두워졌다. 스승은 무공을 함부로 쓰지 말라고 늘 가르쳤지만 지금 지상은 그 말을 잊었다.

"쳇."

지상은 코웃음을 쳤다.

"우리 선생님이 '사냥은 사람을 미치게 한다[치빙전렵령인심발광 馳騁田獵令人心發狂]'고 하셨는데, 네 놈들이 그 짝이냐?"

맞은편 무리들이 웅성웅성한다. 하지만 아무도 선뜻 나서지 못하고 눈치만 살핀다. 그게 도리어 지상을 기고만장(氣高萬丈)[20]하게 만들었다. 상대를 얕잡아보는 마음이 저도 모르게 생겼다. 그때 동패 사이로 길이 열리면서 누군가 걸어 나왔다. 제법 근육이 잡힌 몸이다. 앞에서 떠드는 무리와 달리 힘이 느껴진다. 상대는 말없이 지상을 향해 일격을 가한다. 지상도 자세를 다잡는다. 지상은 허공을 가르는 주먹을 위에서 가볍게 누르고, 그 힘을 받아 공중으로 날았다가 사내 뒤에 착지한다. 그러나 어느새 사내가 지상의 다리를 공격해 들어왔다. 지상이 저만치 나뒹굴어 떨어져 나갔다. 눈 깜짝할 사이의 일이라 왈패들은 어떻게 된 것인지 두리번거린다. 타격을 받은 지상은 정신이 번쩍 들었다. 다행히 큰 내상은 입지 않았다.

머릿속으로 스승이 많이 지나갔다. 강호에는 무수한 기인이사(奇人異士)[21]들이 있으니 늘 조심해야 한다고 들었다. "화는 적을 가벼이 보는 것보다 큰 것이 없다[화막대어경적 禍莫大於輕敵]"고 노자는 이르고 또 일렀다.

'앗!'

지상은 뜨거운 한숨을 토해 낸다. 실수를 깨달은 모양이다. 사내는 1합은 양보하려는 듯 지상을 가만히 응시한다. 입꼬리가 살짝 올라간다. 상대 역시 지상을 낮춰 보았다. 지상은 호흡은 내리고 정신을 하나로 모은다. 곧바로 상대의 심장을 향해 공격해 들어간다. 낌새를 읽고 사내는 왼쪽으로 몸을 피한다. 그러나 지상의 주먹이 이미 피할 곳에서 기다리고 있었다. 조금 전 지상처럼 사내 역시 나가떨어진다. 몹시 놀란 눈치이다. 급소를 피해 공격했다는 것도 안다. 사내는 잠시 생각에 잠긴다. 주위는 다시 고요해졌다. 나무에서 새가 날았는지 푸드덕 소리가 정적을 깬다.

"저것을 버리고 이것을 취한다[거피취차 去彼取此]!"

지상의 눈이 둥그레진다.

"누구 문하인가?"

지상은 선뜻 대답하지 못한다.

"한때 중원을 휘어잡았던 노자의 권법 아닌가? 중원에서 사라진 지 10년도 지났거늘 어찌 네 같은 애송이가!"

지상은 이 권법이 무엇인지 이름을 모른다. 그저 노자에게 훈도를 받았을 뿐이다. 지상은 자기보다 권법을 더 잘 아는 상대가 궁금해졌다.

"뉘신지, 제 스승을 다 아시고."

사내는 털고 일어선다. 가만히 다가와 지상 어깨에 손을 차분히 내려놓는다. 적의가 봄눈 녹듯이 사라진다. 원래 악의가 없었고 서로 급소를 피했으니 앙금이 쌓일 일도 없다.

"알다마다. 주나라 왕실 도서관에 같이 있었지. 왕위를 두고 형제끼리 살육을 벌일 때 노자께서 종적을 감추시자 나도 따라 세상을 버렸네."

"대인의 존함은 어떻게 되시는지요."

지상에게 사숙이므로 저절로 존칭이 나온다. 사내는 '허헛' 하고 너털웃음을 짓는다.

"한낱 필부(匹夫)일 뿐, 이름이 없네."

지상은 머쓱해 한다.

자기를 드러내는 자는 수가 얕다〔자현자불명 自見者不明〕.

지상은 스승의 말씀을 떠올리고 사내가 사숙뻘 된다는 것을 알아차린다. 지상이 묵례를 올린다. 사내 또한 지상의 마음을 헤아린다. 왈패들은 낯선 광경에 그저 망연자실하다. 조금 전만 해도 살기가 등등하더니 돌연 자세가 바뀐 것이 그저 이상할 뿐이다.

방금 떠난 산비둘기가 둥지로 돌아온 듯 나뭇가지가 흔들린다. 도토리 몇 알이 속절없이 떨어진다. 사내는 지상에게 그저 눈인사를 보낸다. 사내는 무리를 끌고 숲속으로 사라진다. 온다간다 작별의 말조차 나누지 않았다.

지상이 구자에 닿은 무렵, 어둠이 조금씩 부풀어 가고 있었다. 지상은 우연한 만남의 여운이 가시지 않은 듯 여전히 멍한 얼굴이다. 파장 무렵이라 거리는 한산하지만 저녁 손님을 맞으려는 객잔에서 홍등이 하나둘 불을 밝힌다. 지상은 몹시 허기지다. 어쩌면 처음 마주하는 세상, 그저 혼란스럽기만 하다. 신경이 곤두서 평소보다 기를 많이 소모한 탓으로 허기가 빨리 찾아왔다.

요조숙녀(窈窕淑女)[22], 군자호구(君子好逑)[23].

대련에 멋이 잔뜩 들어갔다. 지상은 객잔 앞에서 들어갈까 말까 한참 망설인다. 글씨가 속이 차지 못하고 겉만 화려하다.

'요리가 형편없을 터인데.'

지상이 발길을 돌리려 하는데, 주인인 듯한 아낙이 냉큼 달려든다. 손아귀 힘이 억세다.

"손님, 우리 집 음식이 이 시장에서 제일 맛있다오. 방도 깨끗하고. 히힛."

앞 얘기도 미덥지 않거니와 마지막 웃음이 더 귀에 거슬린다. 지상은 거절하지 못하고 끌려 들어간다. 지상이 주문도 하지 않았는데 아낙은 이것저것 요리를 내온다. 술을 담은 호리병도 같이 나온다. 아낙은 연한 분내를 흘리면서 술을 친다.

"잘생긴 총각, 어디 가시는 길이야?"

지상은 난생처음 겪는 일이라 어쩔 줄 모른다. 거절할 줄 모르고 당황한 기색만 역력하다. 마지못해 잔을 받아 마시고는 고기 안주를 걸쳐 먹는다.

'맛있다!'

지상은 여태 먹어 보지 않았던 고기가 너무 맛있어 저도 모르게 속으로 외친다. 허겁지겁 먹는다. 황산에서 먹던 음식은 거의 생식이라 기름에 볶은 고기가 지상의 혀로 찰싹 감겨든다. 몸이 나른히 가라앉는 것을 느끼지 못한다. 아낙은 슬쩍 흘겨보면서 지상의 동태를 살핀다. 희미한 기름 등잔 사이로 얼굴이 드러나는데 좀 전에 담혜에게 분을 팔던 아낙이다.

지상은 몸을 가누지 못하게 되자 술 탓이라고 생각하고 대수롭지 않게 여긴다. 그러다 풀썩 탁자 위로 고꾸라진다.

"왜 이러시나. 애들아, 손님을 방으로 모셔라!"

아낙이 소리 지르자 장정 둘이 득달같이 달려들어 지상을 안고 사라진다. 지상은 아직 담혜보다 여물지 못했다. 장정들은 지상을 마치 짐짝처럼 들쳐 메고 창고 속으로 사라진다. 냉기와 곰팡이 냄새가 먼저 반긴다. 습기 없는 찬 공기만 맴돈다.

지상을 던져 놓고 사내들이 사라지자 담혜는 묶인 두 손을 서서히 풀기 시작한다. 결박이 단단했지만 묶인 것은 원래 풀리는 법이다. 이 역시 노자의 말이다. 담혜는 그 의미를 새삼스레 깨닫는다. 곁에서 소녀들이 훌쩍거린다. 이들도 담혜처럼 아낙에게 속아 끌려온 것이다. 지상은 아직 축 늘어져 있다. 담혜가 발길질해도 꿈쩍하지 않는다.

'바보.'

담혜는 속으로 지상을 비웃는다.

'할아버지가 그렇게 일렀거늘. 쯧쯧!'

다른 사람이 듣지 못하도록 조심스럽게 혀를 찬다. 아낙은 여자보다 남자에게 더 강한 독을 썼다. 담혜는 지상을 곧추세워 앉히고 혈을 짚는다. 독으로 막힌 혈을 뚫자 지상은 잠에서 깨어난 듯 정신이 돌아온다. 지상의 첫눈에 담혜가 들어온다.

"어디야?"

담혜가 지상의 등을 가볍게 치며 말을 잇는다.

"너, 무엇에 당했네. 이 맹추야."

지상의 웃는 얼굴이 민둥하다. 대답을 돌보지 않고 담혜는 흐느끼는 소녀들을 다독이며 밧줄을 풀어 준다.

"그래, 할아버지가 늘 뭐라고 하시던?"

음성이 사납지 않다. 담혜는 지상이 자기처럼 당할 것 같아 탈출하지 않았다. 예상대로 지상이 끌려왔다.

"맛있는 음식에 정신 뺏기지 마라!"

불가난득지화

3

지상은 겸연쩍게 웃으며 대답한다. 노자의 말과 조금 달랐지만 대의는 크게 벗어나지 않는다.

"어떻게 빠져나가지?"

지상은 이제 다음 일이 걱정이라 담혜를 쳐다본다. 거미 한 마리가 줄을 달고 공중에서 떨어진다. 담혜가 손가락으로 위를 가리킨다. 구멍 난 천장 귀퉁이로 달빛 한 줄기가 흐른다. 쥐가 갉아먹었는지 비에 쓸렸는지 천창 모퉁이에 작은 구멍이 나 있다. 담혜는 그쪽이 약하다는 것을 간파하고 있었다.

지상이 대님을 고쳐 맨다. 지상의 경공으로 닿을 거리가 아니다. 담혜가 지상을 어깨 위에 올려놓는다. 잠시 기를 모으더니 어깨를 빼면서 지상의 발바닥을 힘껏 밀어 올린다. 지상이 솟구쳐 오른다. 늙은 대추나무에서 사냥감을 노리던 부엉이가 놀라 고개를 몇 번 기우뚱한다. 창고 앞을 지키는 파수꾼은 없다. 바람에 흔들려 대나무 숲이 요란하다. 객잔 뒤편 후미진 곳이라 인적도 없다. 지상은 사뿐 내려앉아 빗장을 푼다. 갇혔던 이들이 뒤꿈치를 들고 조용히 나온다. 담혜가 안에서 요령을 미리 가르쳐 준 덕분이다.

아낙과 장정들은 술판을 벌이고 있었다. 이들은 혼자 오는 손님을 납치해 인근 나라에 내다 파는 인신매매범이었다. 잡화상과 객잔 간판을 걸어 두고 손님을 끌어 독을 타는 수법을 썼다.

춘추 시대(기원전 770~430년), 주나라 왕실의 권위는 날로 떨어졌다. 애초 호경(鎬京)에서 낙양으로 도읍을 옮긴 것도 오랑캐 견융(犬戎)의 침입을 막을 힘이 없었기 때문이다. 밖으로는 이민족의 침입을 막아야 했고, 안으로는 강성해진 제후국을 제압해야 했다. 그러나 이미 쇠약해질 대로 쇠약해진 주 왕실은 역부족이었다. 하나도 힘든데 하물며 둘이라니!

중심이 무너지자 패권을 잡겠다고 제후국이 저마다 기치를 들고 일어났다. 전쟁은 옛날보다 더 격렬하고 잔인해졌다. 철을 다루는 솜씨가 좋아져 무기가 더욱 예리해졌다. 철로 농기구를 만들자 곡물 생산량이 늘었다. 소출이 늘어도 나라에서 전쟁 물자로 빼앗아 갔다. 농민은 농사를 지으면 지을수록 배가 더 고팠다. 명분은 백성을 보호하려면 국력이 강해야 한다는 것이었다. 갖은 명목으로 세금을 만들어 농민에게서 곡식과 노동력을, 장인에게서 철과 기술을 착취했다. 걸핏하면 장정을 징병해 가니 땅이 남아돌아도 농사지을 인력이 부족했다.

춘추 시대로 접어들면서 전쟁의 양상도 달라졌다. 전차 중심의 전투에서 보병 위주로 바뀌고, 산야에서 벌이던 전투가 공성전(攻城戰)[24]으로 대체되었다. 인력이 더 필요해졌고 시간이 더 많이 들어갔다. 이 모든 고통은 고스란히 힘없는 백성에게 돌아갔다. 백성이 저항할수록 나라는 제도를 더 교묘하게 만들었다. 그것은 국법이라는 명목으로 자행된 폭력이었다. 노자는 이런 현실이 못 견디게 고통스러웠다. 그는 신음을 토하듯 이렇게 뇌까리곤 했다.

"백성이 굶주리는 것은 위에서 세금을 너무 받아 처먹기 때문이다[민지기 이기상식세지다 民之饑 以其上食稅之多]."

전쟁은 장정도 아낙도 모두 요구했다. 남자들은 생사를 걸고 전장으로 내몰리거나, 성을 지으려 주린 배를 움켜잡고 무거운 돌을 짊어 메야 했다. 아낙은 병사들의 전투복을 지어야 했고 다친 병사들을 돌봐야 했다. 그러면서도 무엇을 위해, 누구를 위해 그러는지도 몰랐다. 노자의 마음은 늘 저 여린 백성 곁에 닿아 있었다. 한 사람의 무(武)가 아닌 천하를 위한 무(武)를 만들고 싶었다.

담혜와 지상이 다가가도 인신매매범들은 인기척을 느끼지 못한 채 닭 다리를 뜯기 바쁘다. 내일 아침 진(秦)으로 출발하는 상단에 넘기면 거금이 들어온다. 진나라는 출신과 성분을 가리지 않고 인재를 끌어모았다. 그 인재를 수발들 노예도 마구잡이로 사들였다. 인신매매범들은 돈에 눈이 멀어 방심했다.

지상이 가벼이 날아 식탁 위에 내려앉는다. 기울어진 식탁에서 돼지 넓적다리가 떨어진다. 난세에 상인들이 살기가 더 수월하다. 돼지를 길러 낸 것은 농투성이이었으나 그들은 먹지 못한다. 상인들은 자리를 옮겨 다시 점포를 열면 그만이다. 그러나 농민은 땅을 두고 떠날 수가 없다. 지상은 공중제비를 돌면서 장정의 목덜미를 가격한다. 사내가 나가떨어진다. 지상은 몸이 가벼워졌음을 깨닫는다.

'무엇이 달라졌을까?'

그 순간 건너편에 있던 장정이 지상을 겨냥해 단도를 날린다. 담혜가 찻잔을 날려 단도를 막는다. 틈을 타고 도망치던 아낙 앞에 잡혀 있던 소녀들이 길을 막고 선다. 지상이 정강이를 걷어차 꿇어앉힌다.

"아이고! 나으리, 살려 주십시오."

아낙은 거짓으로 울먹이면서 연신 고개를 숙인다. 담혜가 장정 둘을 제압하고 이들도 끌고 나온다. 이들은 암기를 쓸 뿐 무공이 전혀 없는 탓에 애초 담혜의 적수가 아니다. 소녀들이 우르르 몰려들어 침을 뱉고 발길질한다. 지상과 담혜가 말릴 틈도 없다. 하마터면 노예로 팔려 갈 뻔했으니 오죽 분하겠는가!

담혜가 이들을 기둥에 묶는다. 결박하면서 담혜는 지상을 향해 눈을 찡긋한다. 지상은 '인신매매(人身賣買)'라고 큼직하게 쓴 종이를 상투 사이로 단도로 꽂아 놓고 객잔을 나선다. 지상과 담혜가 사라지자 인신매매범들은 한바탕 웃어 젖힌다. 결박이 느슨해서 쉽게 풀 수 있다고 생각한 것이다. 그런데 풀려고 하면 할수록 밧줄이 손을 쪼아 온다. 몇 번 더 시도했는데 이제는 아예 손을 움직일 수조차 없게 되었다. 그들로서는 영문을 알 수 없는 일이다. 담혜는 할아버지에게 배운 대로 했다. 좋은 말은 흔적이 없다[선언무하적 善言無瑕讁]. 그렇다면 잘 묶은 것은 안 묶은 것과 같은 것이 아닌가[선결무승약이

불가해 善結無繩約而不可解]?

나루에 닿자 소녀들이 연신 고맙다고 인사한다. 죽음의 문턱까지 갔다 돌아왔으니 당연한 일이다. 그러나 지상과 담혜는 아무것도 아니라면서 도리어 뱃삯까지 처러 준다.

"공성불거(功成不居)[25]지. 공을 세우더라도 그 자리에 머물지 않는 것이지."

나룻배에 걸터앉아 막 떠오른 빛을 받으며 담혜는 스스로가 대견한 듯 으쓱댄다. 지상도 함박웃음을 짓는다.

"담혜야."

제법 심각한 표정에 담혜가 놀란다.

"왜?"

담혜는 말을 끊고 자세를 고쳐 잡는다. 그 역시 호기심 어린 눈빛이다.

"아까 상대를 치려고 두서 마장 몸을 날렸는데, 내 몸이 전보다 가볍다는 것을 느꼈어. 왜일까?"

사공은 무심한 듯 노를 계속 젓는다. 아침 햇살을 받으며 장강은 유유히 흐른다. 담혜의 볼은 더 하얗게 빛난다.

"수련을 전보다 더 한 것도 아니고……."

강의 중심으로 갈수록 물살이 잦아들고 물결도 더 고요하다. 물길이 깊어 갈수록 더 그렇다. 총명한 담혜의 칠흑 같은 검은 눈동자가 반짝거린다. 사공은 물결 따라 천천히 노를 젓는다. 힘들이지 않고 물결에 노를 맡긴 듯하다.

"하나를 배워서 그랬겠지."

"뭐?"

지상은 자신이 무엇을 배웠는지 모른다.

"할아버지가 늘 강조하신 말씀 있잖아."

담혜는 마치 동생을 대하듯 다정하게 말한다.

"얻기 어려운 보물을 귀하게 여기지 마라[불귀난득지화 不貴難得之貨]."[26]

지상은 자신 있게 대답한다.

"그 말이 무슨 뜻인지는 알아?"

담혜가 다그친다. 지상이 머리를 긁적인다.

"맛있는 음식!"

담혜가 소리친다. 강어귀에서 먹이를 찾던 백로가 놀란 듯 날갯짓하며 허공을 가른다.

"아핫!"

지상은 감탄사를 내뱉으면서 가슴이 환해지는 것을 느낀다. 무심한 듯 노를 젓는 사공도 웃는다.

[19] 죽간(竹簡) : 중국에서 종이가 발명되기 전에 글자를 쓰던 대나무 조각이나 그것을 엮어서 만든 책.

[20] 기고만장(氣高萬丈) : 일이 뜻대로 잘되어 뽐내는 기세가 대단하다는 뜻.

[21] 기인이사(奇人異士) : 아주 뛰어난 재주를 가진 사람들.

[22] 요조숙녀(窈窕淑女) : 말과 행동이 품위 있고 정숙한 여자.

[23] 군자호구(君子好逑) : 군자의 좋은 짝.

[24] 공성전(攻城戰) : 성이나 요새를 빼앗기 위하여 벌이는 싸움.

[25] 공성불거(功成不居) : 《도덕경》 2장에 나오는 말이다.

[26] 불귀난득지화(不貴難得之貨) : 《도덕경》 3장에 나오는 말이다.

4
—

육친불화
유효자

六親不和
有孝慈

집안이 화목하지 않으면 효자가 나온다

도기는 황산을 내려와 곧장 바다로 향한다. 노자가 곡부를 들러 낙양으로 향하라고 일렀기 때문이다. 도기는 저도 모르게 마음이 불편하다. 황산에서 장강을 건너 낙양으로 가는 길보다 황산에서 곡부를 거쳐 낙양 가는 길이 곱절이나 더 멀었다. 더군다나 월주에서 곡부까지 배를 타야 했다. 도기는 배는커녕 바다조차 구경한 적이 없다. 원래 둥글고 통통한 얼굴이 잔뜩 부어올랐다. 그런데 화난 아기처럼 모양새가 밉살스럽지 않고 귀엽다.

바다에 닿자 도기는 언제 그랬냐는 듯이 얼굴이 환해졌다. 가슴이 탁 트인 듯한 상쾌함이 밀려왔다. 비릿한 내음도 싫지 않았다. 갈매기를 배웅 삼아 배에 가뿐히 올랐다. 그때까지는 좋았다. 나루와 멀어지고 사람들이 점처럼 사라져가자 속이 울렁거리기 시작했다. 황산을 손바닥 보듯 환하게 뛰어다녀도 그런 적이 없었다.

삭풍을 안고 황포 돛대가 활시위처럼 팽팽해지자 속 안의 것이 올라왔다. 토해도 토해도 끝이 없었다. 더 토할 것이 없는지 노란 물을 게위 냈다. 노련한 선원들은 빙긋이 웃기만 할 뿐 도울 생각을 하지 않는다. 어찌할 방도가 없다는 것을 잘 알아서이다. 두서 식경 지났을까. '꺼억' 소리만 날 뿐 아무것도 나오지 않는다.

한동안 늘어져 있던 도기는 정좌해 호흡을 다스리기 시작한다. 어느새 물결에 몸을 맡기는 법을 익힌 것 같다. 도기는 속으로 스승의 말을 곱씹는다.

'무위를 행하면 다스려지지 않는 것이 없다[위무위즉무불치 爲無爲則無不治].'

어렵다. 무위란 무엇인가? 아무것도 하지 않는 것인가? 아무 노력을 하지 않으면 무공은 어떻게 강해지나? 도기는 깊은 생각에 잠겼지만 출구를 찾지 못한다. 바람을 타고 갈매기들이 상공을 선회한다. 날개를 거의 젓지 않는다. 배도 물길을 따라 순항한다.

'몸에 힘이 다 빠지고서야 정신이 들어오는 것은 뭐야? 쳇, 선생님 말씀은 너무 어려워.'

도기는 신경질이 난다. 담혜보다 아둔한 자신이 은근 미워진다. 질박(質樸)함[27]이 무엇보다 소중하다는 것을 아직 모른다.

항구 일조(日照)의 선창에 닿은 시각은 동틀 무렵이다. 일조에서 곡부까지 쉬지 않고 걸으면 이틀 거리이다.

'지나가는 달구지라도 얻을 탈 수 있다면 다행일 텐데.'

도기는 가도 가도 인적 없는 황톳길에서 중얼거린다. 가랑이를 적신 이슬이 마르고 한참을 걸어도 거리에는 행인의 자취마저 없다. 노나라가 비록 소국이지만 중원과 달리 천자의 예법을 그대로 쓴다고 들었다. 그러나 풍경이 격에 맞지 않는다.

노나라는 원래 주나라를 세운 무왕의 동생인 주공(周公)이 분봉받은 나라이다. 주공은 무왕이 상(商)나라의 폭군 주(紂)를 물리치고 주나라를 세우는 데 혁혁한 공을 세웠다. 상나라의 마지막 임금인 주는 국정은 돌보지 않고 주지육림(酒池肉林)[28]과 같은 방탕한 생활로 자멸의 길을 걸었다. 그 학정을 고스란히 감내한 것은 백성이었다.

무왕이 죽고 아들 성왕이 제위를 물려받았을 때 나이는 일곱 살이었다. 당시 권력은 모두 주공 손안에 있었다. 주공이 마음만 먹으면 조카에게서 왕위를 찬탈하는 일은 아무것도 아니었다. 주위에 의심의 눈초리가 가득했다. 심지어 친동생인 채숙(蔡叔)과 관숙(管叔)이 주왕(紂王)의 아들 무경(武庚)과 합세해 반란을 일으키기도 했다. 주공은 이들은 제압했다.

망국 상(商)의 백성을 위로할 필요가 있었다. 옛 상나라 지역에 송나라를 세워 주왕의 형인 미자(微子)를 봉해 조상의 제사를 받들게 했다. 중원을 다스리기 위해 각 지역에는 왕족이나 공신을 파견해 다스리게 했다. 중앙 정부에서 가장 믿을 사람만 골라 보냈다. 왕의 통제에서 벗어나면 언제 세력을 키워 반란을 일으킬지도 모른다. 이것이 주나라 봉건제도의 시작이다.

이때 주공은 태공망을 제나라에 봉하고 자신은 곡부를 봉지로 받았다. 창건 초기인 주나라는 아직 기틀이 잡히지 않았다고 여겨 주공은 아들 백금을 대신 곡부로 보냈다. 자신은 내정에 몰두했다. 섭정 7년 동안 정치, 문화, 사회 전반에 걸쳐 주공의 손길이 닿지 않는 곳이 없었다. 이때 만든 제도와 문화는 향후 3000년간 중국 전 역사에 깊은 영향을 미쳤다. 공자도 이런 주공에 대해 늘 존경하는 마음을 제자들에게 표현하곤 했다.

"내가 늙은 지 오래되었구나. 주공이 꿈에 뵈지 않으니[심의오쇠야 구의오불부몽견주공 甚矣吾衰也 久矣吾不復夢見周公]!"

항상 생각하고 있으니 꿈으로 현현(顯現)[29]하고는 했는데 기력이 쇠해 그렇지 않다고 탄식한 것이다. 주나라 왕실에서는 주공의 이런 공을 높이 사 노나라만큼은 천자와 같은 예를 행할 수 있도록 특별히 허락해 주었다.

도기가 종일 걸어도 길옆 논바닥은 말라 곡식이 타들어 가지만 손댄 흔적이 없다. 간혹 지나치는 동네는 담이 무너진 채 방치되어 있고, 띠풀로 엮은 지붕에 잡초만 무성하다. 개들도 도기를 보면 꼬리를 감추기 바쁘다.

비읍(費邑)에 이르자 날이 어둑해졌다. 도기는 하룻밤 묵어 갈 곳을 찾아 마을 어귀를 기웃거린다. 저녁에 되어도 등잔불을 켜는 집이 몇 곳이 없다. 도기는 불길을 쫓다 객잔에 다다랐다. 반쯤 졸다 고개

069

4 육친불화
유흥자

방아를 찧던 할멈이 화들짝 놀라 벌떡 일어나더니 다시 잠에 빠져든다. 검버섯이 피고 꺼무죽죽한 얼굴은 생기가 없이 거칠다. 제멋대로 헝클어진 머리카락은 몇 올이 남지 않은 것 같고, 이빨이 없는지 입이 합죽하다.

벽이 터져 황토가 삐져나온 방에는 눈물 자국이 선명한 소년이 있다. 아이는 놀란 듯 쳐다본다. 팔은 앙상한 겨울 가지처럼 말랐고, 누더기 사이로 드러난 아랫배가 볼록하다. 부황 든 얼굴을 만지면 색이 손에 묻어날 것 같다. 먼지가 쌓인 바닥을 걸을 때마다 자국이 남고, 얼핏 보이는 주방 틈으로 거미줄이 보인다. 괴괴한 정적 속에 생쥐들만 부산하게 돌아다닌다.

'도무지 장사하는 집 같지 않아. 비읍이라면 노나라에서도 꽤 크다고 들었는데…….'

도기는 발길을 돌려 나가려다 멈춘다. 할멈이 부스스 눈을 뜬다.

"보시다시피 말이 객잔이지 손님 대접할 게 아무것도 없네."

도기는 선뜻 이해가 가지 않는다.

"전쟁 탓이요?"

노인의 목소리는 힘없이 떨어진다. 세상이 지긋지긋한 듯 고개를 가로젓는다.

"어떤 전쟁 말씀이요?"

"안으로 밖으로 늘……."

노인의 말에는 의욕이 전혀 느껴지지 않는다. 도기가 노나라에 도착하기 전에 내란이 있었다. 당시 노나라는 정공(定公)이 다스리고 있었다. 그러나 실질적인 권력은 세 귀족, 즉 계손(季孫), 숙순(叔孫), 맹손(孟孫)이 나누어 잡고 있었다. 이들은 환공(桓公)의 후손이라 이들을 묶어 삼환(三桓)이라고 불렀다.

삼환 중에는 계손씨가 세력이 제일 강했다. 계손 수하에 공산불뉴(公山不狃)라는 야심가가 있었다. 공산불뉴는 계손씨에 빌붙어 권력을 잡으려 했으나 욕심대로 되지 않았다. 그러자 또 다른 귀족인 양호(陽虎)와 결탁해 계손씨의 적장자인 계환자를 암살하려 했다. 이 음모는 실패로 돌아갔고 양호는 제나라로 망명했다. 공산불뉴는 자기 세력의 근거지인 비읍에서 최후의 결전을 불사했다.

반역은 성공하면 부귀영화가 따르지만, 실패하면 멸문의 화가 기다리고 있다. 공산불뉴는 비읍에 총동원령을 내렸다. 이때 공자도 초빙받았다. 공자는 자신을 뜻을 펼칠 기회가 절실했다. 평소 "나를 등용하면 그 나라를 반드시 주나라처럼 바꿀 수 있다[여유용아자 오기위동주호 如有用我者 吾其爲東周乎]"고 호언장담(豪言壯談)[30]했다. 제자 자로(子路)가 부도하다며 말렸다. 그러지 않았다면 공자 역시 비명횡사(非命橫死)[31]했을지 모른다.

"공산불뉴란 놈 때문에 아비는 전쟁에서 죽고, 어미는 어디로 잡혀갔는지 소식도 없네. 내가 대신 죽어야 했는데, 이 질긴 명은 저 손자 때문에 겨우 부지하고 있네."

도기는 이제야 마을 전체가 적막한 까닭을 알게 되었다. 공산불뉴는 사람이든 물자든 가리지 않고 약탈해 갔다. 살아남은 것은 노인과 어린아이뿐이다. 하지만 그들마저 오늘내일을 기약할 수 없다. 전쟁 때는 늘 어김없이 흉년이 따라 든다. 자연의 질서가 어긋나 인간이 싸우는지, 인간이 싸워서 자연이 노했는지 알 수 없는 일이다. 전쟁 끝에 요행히 살아남아도 굶주림을 면할 길이 없다. 도기는 "좋은 병기는 상서롭지 못한 기물이다[부가병자 불상지기 夫佳兵者 不祥之器]"라는 뜻을 어느 정도 가늠한다.

도기는 긴 밤을 거의 뜬눈으로 지새우다 새벽에 겨우 잠들었다. 그러다 떨거덕거리는 소리에 눈을 뜬다. 노파가 길손을 위해 아침밥을 짓고 있다. 기장을 어디서 빌려 온 모양이다.

"그래도 손님인데 그냥 보낼 수 없지."

노파는 아직 온기가 가시지 않은 주먹밥을 손에 쥐여 준다. 도기는 몇 번 완강히 거절한다. 노파는 예의가 그렇지 않다며 한사코 떠밀어 준다.

'더 가지려 애쓰는 것보다 부족한 것을 채워 주는 것이 자연의 이치가 아닌가?'

도기는 전쟁통에도 가시지 않는 인정을 보고 홀로 그렇게 생각한다. 도기는 저도 모르게 점점 강해지고 있다. 시야가 넓어진 만큼,

마음 씀씀이가 깊어진 만큼 무공도 강해지고 있다.

도기가 공자를 찾았을 무렵 공자는 대사구(大司寇)라는 관직을 맡고 있었다. 공자는 노자와 달리 현실에서 뜻을 이루고 싶어 했다. 관직의 높낮이에 상관없이 맡은 자리에 최선을 다했다. 공자가 정치를 맡고 세 달만 지나도 상인은 값을 속이지 않았고, 남녀는 길을 다닐 때 예의를 차렸으며, 길에 돈이 떨어져 있어도 아무도 줍지 않았다.

노자를 만나고 나서 공자는 한층 더 강해졌다. 세상이 넓다고 깨쳤기 때문일까? 위명(偉名)이 노나라 전체에 자자했다. 제자는 날로 늘었다. 어떤 때는 3000명이 넘기도 했다. 뛰어난 제자 72명, 그중에도 안연(顔淵)이 단연 돋보였다. 도기가 공자를 찾아뵙자 야위었지만 눈빛이 빛나는 도래 청년이 도기를 맞이했다. 행동마다 절도가 배어 있고 기품이 서려 있었다. 안연이었다. 안연은 도기를 보고 맑게 웃었다. 도기는 황산에서 함께한 사숙, 사형들과 안연이 다르다고 느꼈다. 동문들은 자유롭고 부드러웠으며 격식을 따지지 않았다.

"선생님, 회(回)입니다. 노자께서 사람을 보냈습니다."

회는 안연의 아명(兒名)이다. 보통 성년이 되면 아명을 쓰지 않는다. 아명을 부르는 것은 아주 친근한 사이라는 뜻이다. 한참을 기다렸는데도 안에서 대답이 없다. 가르치는 사람도 배우는 사람도 모두 집중한 탓이다. 안연이 한 번 더 고한다. 비로소 제자들이 앞다투어 나온다. 자로, 자하(子夏), 자유(子游) 같은 하나같이 쟁쟁한 인물이다.

이들은 낙양에서 있었던 노자와 공자의 해후를 잘 알고 있었다. 그뿐만 아니라 중원에서 이미 노자의 고명은 삼척동자도 다 알 정도였다. 노자를 직접 뵙지 못하더라도 제자가 어떤 인물인지 궁금했다.

과연 공자의 문하이다. 이들은 '호학(好學)'이라는 스승의 가르침을 금과옥조(金科玉條)[32]로 여긴다. 몸집이 있어 어딘가 어눌하고 둔탁해 보이는 도기를 보자 실망한 눈빛을 감추지 못한다. 노자 문하라면 탄탄하고 날카로울 것이라 마음대로 상상한 것이다. 노자의 무공은 그것과 거리가 멀다. 도기를 보고 실망한 것은 노자의 도를 제멋대로 그린 탓이 크다.

날카롭고 뾰족한 것은 오래가지 못한다〔췌이예지불가장보 揣而銳之不可長保〕.

공자의 제자들이 아직 미숙한 탓에 실망하는 것도 무리가 아니다. 도기의 예를 받으며 공자의 만면에 웃음이 가득하다. 공자는 도기를 통해 노자의 도(道)를 본다. 세상의 오해와 달리 노자와 공자는 은원 관계가 아니다. 중원 패권을 두고 경쟁은 했지만 그러면서 서로가 자양분이 되어 성장했다. 두 문파 사이에 틈이 생긴 것은 먼 훗날 이야기이다.

"노자께서는 평안하신가?"

공자는 예를 마친 도기가 일어서자마자 손을 덥석 잡으면서 안부를 묻는다. 공자 뒤로 죽간이 빽빽하다. 죽간마다 손때가 묻지 않은 곳이 없다. 죽간을 묶은 가죽끈이 끊어진 것도 있다. 위편삼절(韋編三絶)[33], 그만큼 열심히 깊이 읽었다. 지천명을 넘은 나이, 도기를 바라보는 공자의 눈빛이 소년처럼 빛난다.

"스승께서도 문후(問候)[34]를 여쭈어라 소인을 보냈습니다."

한결 의젓해졌다. 도기는 공자 문하의 분위기에 젖어 들었다. 아직 여물지 않은 탓도 있겠지만, 사사로움이 없어 다른 것을 쉽게 받아들이는 덕도 있을 것이다.

"그래, 다른 말씀은 없으시고."

공자는 노자가 했던 마지막 인사가 생각났다. 짧았지만 강렬한 인상으로 남았다. 덕분에 정진을 게을리하지 않아 지금 이 자리에 앉아 있다. 경지에 올랐지만, 배움을 향한 열망은 여전하다.

"선생님께 배우라고만 하셨습니다."

"그럴 리가?"

공자가 짐짓 놀란다. 공자는 어쩌면 노자에게서 새로운 충고를 받고 싶었는지 모른다. 그런데 제자를 보내 물음을 청하다니, 한편 기쁘고 한편은 놀랍다.

"그래, 무엇이 알고 싶으냐?"

도기를 따뜻하게 바라보면서 봄바람처럼 부드러운 목소리로 공자가 말을 잇는다. 도기는 자신이 아둔해 무공이 약하다는 이야기를 먼저 꺼낸다. 아무리 갈고닦아도 담혜와 지상에 못 미쳐 속상하다고 한다. 도기는 머리를 긁적거리며 겸연쩍게 웃는다.

"사람마다 기재가 다르니 어쩔 수 없지. 하나 완전한 사람은 없는 법. 네 노력이 부족한 탓도 있을 게야. 한 번 해 보고 안 된다고 섣불리 포기하지 마라. 다른 사람이 한 번 만에 잘하면 나는 백 번을 더 하고, 다른 사람이 열 번 만에 잘하면 나는 천 번을 더 노력해야 한다[유불학 학지 불능 불조야, 인일능지 기백지 인십능지 기천지 有弗學 學之 弗能 弗措也, 人一能之 己百之 人十能之 己千之]."

공자의 어조는 매몰찰 만큼 단호하다. 좀 전과 천양지차(天壤之差)[35]이다. 도기에게는 충격으로 다가온다. 제 깜냥[36]으로 도기는 최선을 다했다고 자부했다. 그러나 단지 자기 위안일 뿐이었다. 같은 동작을 매번 반복하면 어찌 다른 결과가 나오겠는가. 또 보이지 않는 곳에서 담혜와 지상이 수련을 더 많이 했을지도 모른다.

"학(學)은 곧 습(習)이 되어야 한다."

공자는 한 번 더 세게 밀어붙인다. 곁에 시립한 안연이 더 놀란다. 스승에게서 이런 모습은 단 한 번도 본 적이 없다. 자신에게는 늘 자상한 어머니 같았다.

"소자, 더 노력하라는 말씀은 받자오겠는데 학과 습은 잘 모르겠습니다."

도기는 진심 어린 얼굴을 한다. 공자는 만족한다. 그러고는 친구 같은 제자 자로를 힐끗 바라본다. 둘은 마주 보고 웃는다.

모르는 것을 모른다고 한 그것이 바로 진정한 앎이라〔지지위 지지 부지위부지 시지야 知之爲知之 不知爲不知 是知也〕.

며칠 전, 공자가 자로에게 했던 말을 서로 떠올린다.

"어린 새가 어미에게 배우는 것이 학이고, 날갯짓(羽)을 수없이 연습해 자기 것으로 만드는 것이 습(習)이다. 어린 새가 어미를 떠나 홀로 창공을 나는 것을 그려 보아라. 그 기쁨을 무엇에 견줄 수 있겠는가!"

공자는 '습(習)' 자를 '우(羽)'와 '백(白)'으로 파자(破字)[37]해 설명한다. 그 유명한 "학이시습지불역열호(學而時習之不亦說乎)[38]"라는 말이 여기에서 나왔다. 도기는 알 듯 모를 듯 눈을 동그랗게 뜬 채 미동도 없다.

"하오면 제 스승님이 하신 '무위(無爲)'와는 완전히 다른 말씀이옵니까?"

도기는 스승의 뜻과 많이 다른 공자의 이야기 듣고 더 깊은 혼란에 빠졌다. 공자의 표정이 점점 더 밝아진다.

"그렇지는 않다. 시속의 헛된 생각처럼 노자께서 '아무것도 하지 말라'고 하셨겠는가. 어린 새가 배우지 않고 어찌 날 수 있으며, 사람이 배우지 않고 어찌 진정한 사람이 되겠는가? 네 스승과 내가 이르고자 하는 길은 같을지 모른다. 하나 방편은 다르다. 나는 사람 안에서 사람과 함께 살고, 노자께서는 사람 밖에서 사람과 함께하신다. 그 차이일 뿐이다."

사람의 안과 밖, 도기에게는 아직 어려운 이야기이다. 하지만 도기는 희미한 가닥은 잡는다. 닿을 것 같지만 닿지 않는 거리에 무언가 있다는 것을 느낀다. 씨앗이 싹을 틔우려면 시우(時雨)[39]라는 인연이 있어야 한다. 갈 길이 멀다.

"사람 안이라 하심은?"

"사람은 사람과 관계를 맺고 살 수밖에 없다. 부모 자식이 그렇고, 군신이 그렇고, 친구가 그렇다. 부부가, 형제가 그렇다. 사람은 제 홀로 설 수 없다. 사람과 사람 사이, 곧 인간(人間). 거기에 내 도가 있다."

산 넘어 산이다.

"그럼 무엇에서부터 시작해야 합니까?"

공자는 도기가 기특하다. 생김과 달리 핵심을 치는 재기도 있다.

'과연 노자구나!'

속으로 감탄한다.

"사람이 나면서 어디서부터 먼저 관계를 맺던가?"

"부모 자식입니다."

도기는 바로 대답한다.

"그럼, 답은 네가 이미 알고 있는 셈이다."

이 역시 스승의 말씀과는 다르다. 노자는 "집안이 화목하지 않으면 효자가 나오고, 나라가 어지러우면 충신이 나온다[육친불화유효자 국가혼란유충신 六親不和有孝慈 國家昏亂有忠臣]"고 했다. 두 말씀의 결이 너무 달라 도기는 몹시 혼란스럽다. 당황하는 기색이 역력한 도기를 보고 공자가 한마디 덧붙인다.

"내 부모를 사랑하는 마음을 세상으로 넓혀 가는 것, 사람이라면 마땅히 걸어가야 할 길이다. 그것을 '인(仁)'이라 이름 지으면 어떨지 모르겠다."

공자는 말끝을 흐린다. 여기에는 공자의 보이지 않는 의도와 배려가 숨어 있다. 사람의 기질이 저마다 다르듯 인(仁)을 실천하는 길도 시간과 공간이라는 특수 상황에 따라 다양하게 펼쳐져야 한다. '인(仁)이 이것이다'라고 말해 주면 거기에만 매달려 자칫 고루하고 완고해질까 염려해서 공자는 단언하지 않았다.

"천지불인(天地不仁)[40]과는 달라도 너무 다른 말씀입니다."

"글쎄다. 아무래도 네가 먼 길을 가면서 풀어야 할 것 같구나."

공자는 더 자세히는 말하려 하지 않았다. 도기는 이제 갓 약관의 나이다. 그의 앞에는 창창 바다가 기다리고 있다. 폭풍 같은 고난

079

4 육친불화
유효자

이나 파도 없는 잔잔한 평화도 있을 것이다. 공자는 도기가 스스로 헤쳐 나가기를 바랐다. 자기가 길을 만들어 가야 온전히 자기 것이 된다.

도기는 하직의 예를 올리고 물러난다. 안연은 동구 밖까지 도기를 배웅하러 나간다. 대화를 묵묵히 듣던 자로가 공자 앞에 나선다.

"사제 안연을 훈도하는 방도와 도기를 가르치는 것이 다른 듯하옵니다."

자로는 공자를 허허롭게 넘겨짚는다. 알면서 모른 체하며 물어보는 것이다.

"그렇지."

공자는 눈을 찡긋하고는 웃으며 말을 잇는다.

"회가 섭섭하게 생각하지 말아야 할 텐데. 도기는 질박하기만 해 핵심을 바로 찔러 주었고, 회는 날카로운 구석이 있어 돌려서 이야기했지. 저 두 아이에게 우리 미래가 있을지 모르네. 여기까지가 선각(先覺)[41]한 사람의 책임이 아니겠는가?"

자로는 공자의 깊은 뜻을 듣고는 공자가 새삼 더 높아 보였다. 안연의 배웅을 받으며 도기는 함양(咸陽)으로 방향을 바꾸었다. 공자가 낙양에 닿기 전에 진(秦)나라를 먼저 여행하라 일렀기 때문이다. 충격의 여운이 가시지 않았다. 황산과 다른 세계, 스승과 다른 도(道). 그럼 무엇이 옳고 그른가?

구름은 용을 쫓고, 바람은 호랑이를 쫓는다[운종용 풍종호 雲
從龍 風從虎].

도기는 이 말을 곱씹고 또 곱씹었다.

[27] 질박(質樸)하다 : 꾸민 데가 없이 수수하다는 뜻.

[28] 주지육림(酒池肉林) : 술로 연못을 이루고 고기로 숲을 이룬다는 뜻으로, 호사스러운 술잔
치를 일컫는다.

[29] 현현(顯現)하다 : 뚜렷하게 나타난다는 뜻.

[30] 호언장담(豪言壯談) : 자기 분수에 맞지 않는 말을 자신 있게 하는 것.

[31] 비명횡사(非命橫死) : 뜻밖의 사고를 당하여 자기 명대로 살지 못하고 죽는 것.

[32] 금과옥조(金科玉條) : 금이나 옥처럼 귀중히 여겨 꼭 지켜야 하는 법칙이나 규정.

[33] 위편삼절(韋編三絶) : 공자가 《주역(周易)》을 즐겨 읽어서 책을 엮은 가죽끈이 세 번이나
닳아 끊어졌다는 데서 온 말로, 그만큼 독서에 열중함을 일컫는다.

[34] 문후(問候) : 웃어른의 안부를 묻는 일.

[35] 천양지차(天壤之差) : 하늘과 땅 사이처럼 엄청난 차이.

[36] 깜냥 : 스스로 일을 헤아릴 수 있는 능력.

[37] 파자(破字) : 한자의 자획을 풀어 나누는 것.

[38] 학이시습지불역열호(學而時習之不亦說乎) : 《논어》에 나오는 말로, "배우고 때맞추어
그것을 익히니 역시 기쁘지 않은가"라는 뜻.

[39] 시우(時雨) : 적절한 때에 맞추어 내리는 비.

[40] 천지불인(天地不仁) : 《도덕경》 5장에 나오는 말로, 천지는 만물을 만들고 길러 낼 때 억지
로 어진 마음을 쓰지 않고 자연 그대로 맡긴다는 뜻.

[41] 선각(先覺) : 남보다 앞서서 사물이나 세상일에 대해 깨닫는 것.

5

총욕약경

寵辱若驚

사랑받든 미움받든 모두 놀란 듯이 하라

어린 제자들이 떠나자 황산은 적막했다. 노자는 늘 그렇듯 차를 마시고 명상에 잠겼다. 평온 속에 쓸쓸함이 묻어났다. 하나뿐인 혈육, 또 친손자 같은 제자를 험지로 내보냈다. 어리고 여린 것을 향한 노자의 마음은 항상 애틋했다. 살아 있는 것은 부드럽고 여리지만, 죽은 것은 드세고 딱딱하다[견강자사지도 유약자생지도 堅强者死之徒 柔弱者生之徒]. 여린 것을 향한 사랑, 노자의 도는 결국 여기서 나온다. 세계는 늘 변하지만 노자의 이런 마음은 항상 변함이 없다. 변화 속에서도 변하지 않는 것, 노자는 아무도 닿지 못한 깊은 세계에 홀로 침잠하고 있다. 그래서 그는 외롭고 괴로운지도 모른다.

며칠 전 습상과 작은 논쟁이 있었다.

"난세에 사부의 도는 무슨 소용이 있습니까?"

습상은 볼멘소리와 함께 노자를 노려보았다. 습상과 오랜 세월을 함께했지만 이런 모습은 처음이었다. 노자는 말없이 습상을 응시했다. 사부라는 호칭도 듣기에 따라 어색했다. 어떤 경계를 지우려는 듯한 인상을 풍겼다.

"무위(無爲), 자연(自然) 하시지만 전쟁통에 여전히 백성들만 죽어가고 있습니다!"

습상은 강하게 말했지만 말끝에는 안타까움이 묻어났다.

"그대는 어디로 갈 것인가?"

습상은 놀라 흠칫했다. 입가에 알 듯 모를 듯 묘한 미소가 섬뜩했다.

"알고 계셨습니까?"

노자는 체념한 듯 무표정했다.

"전쟁을 멈추려면 더 강력한 힘이 필요합니다. 모든 것을 제압하고 천하를 통일하려면 일사불란(一絲不亂)한 제도와 권력이 있어야 합니다."

"가능한 일인가?"

"현명한 영웅이 있다면……."

습상은 자신 없이 주저했다.

"그대가 말하는 현명이란 도대체 무엇인가?"

노자는 다그치지 않고 부드럽게 되물었다.

"세상 이치를 꿰뚫고 지금 시대에 적용하는 지혜를 말하는 것입니다."

"세상 이치!"

노자는 말을 강하게 끊었다. 기가 실린 노자의 말에 습상은 뒤로 밀려났다. 다시 정좌했다.

"윗자리에 앉아 제멋대로 백성을 부리고 제 배만 불리는 무리가 세상 이치를 안단 말인가!"

어기(語氣)[42]가 더 세졌다.

"그럼 무엇으로 이 암흑의 시대를 끝낼 수 있단 말입니까?"

노자의 기세에 눌려 습상은 약간 수그러들었지만 여전히 물러날 기색은 없다.

"계곡에 흐르는 물을 보아라. 물은 낮은 곳에서 굽이굽이 흐르며 만물을 이롭게 한다. 먼저 가려고 앞다투지 않으며, 세상 만물을 기르면서도 공을 뽐내지 않는다. 이치란 그저 저 물 같은 것이다. 상선약수(上善若水)."

습상의 눈이 붉게 젖었다.

"그렇다고 한들 그사이에 죽어 나가는 사람들이 너무 많습니다."

"지난 세월을 돌아보아라. 앞에서 날뛰던 자들 탓에 세상이 어떻게 혼탁해졌는가를……."

노자가 말을 채 맺기도 전에 독침이 날아들었다. 습상은 무공으로도 노자를 능가할 수 없다. 그래서 몰래 독침을 품고 들어왔다. 물론 독침으로 노자를 제압할 수 없다는 것 정도는 모르지 않는다. 습상은 독침과 함께 제 마음을 정리하고 싶었다. 갈 길이 다르다면 묻은 인연을 잘라야 했다.

습상은 노자를 뒤로 한 채 가벼운 경공으로 날아갔다. 현덕과 요묘가 쫓으려 하자 노자가 제지한다. 노자는 습상이 떠난 자리를 한참 쳐다본다. 빛이 세상을 고르게 비추고, 먼지는 가지런히 쌓이지 않는가. 화광동진(和光同塵)[43].

노자에게 제자는 모두 한 뿌리에서 난 가지 같은 것이다. 줄기가 제각각 자라듯 제자라도 생각의 결이 저마다 다르다. 생김새가 같지 않다고 마구 가지를 칠 수 없고, 사상이 다르다고 제자를 함부로 내칠 수 없다. 스승은 만물을 보듬어 기르는 자리이다.

장강을 건너자 풍경이 달라졌다. 산이 높아졌고 습기가 가셨다. 담혜와 지상은 서에서 동으로 흘러가는 강물을 한참 되돌아본다. 저 강물은 어디로 가는가. 바다. 이들은 바다를 본 적이 없다. 계곡과 강은 저절로 바다로 흘러든다. 바다는 이 모두를 마다하지 않고 받아들인다. 담혜는 노자가 했던 말을 떠올린다.

도가 천하에 흐르는 것은 마치 계곡과 시내가 강과 바다에 저절로 닿는 것과 같은 이치이다〔비도지재천하 유천곡지어강해 譬道之在天下 猶川谷之於江海〕.

"어휴!"

담혜가 털썩 주저앉으며 한숨을 쉰다.

"도무지 모르겠단 말이야."

신경질이 난 듯 목소리가 앙칼졌지만 밉지 않다. 지상은 앙증스러운 담혜를 사랑스러운 눈빛으로 바라본다. 시선을 의식한 담혜가 지상을 치켜보자 지상은 허공을 향해 고개를 돌린다. 창공에는 구름 몇 점이 유유히 흐른다. 하늘은 티 없이 맑다. 담혜도 지상을 따라 하늘을 쳐다본다. 쩅하게 깨질 듯한 하늘이 갑자기 어두워지더니 빗방울 몇 가닥이 굵게 떨어진다.

동시에 저 멀리 먼지 바람을 일으키며 수레가 요란하게 달려온다. 담혜와 지상은 저들도 모르게 손을 잡는다. 밀려오는 기운이 예사롭지 않다. 손은 물기가 촉촉하다. 다시 손을 놓는다. 수레는 검은 말 네 필을 끌고 옆으로 호위하는 병사가 8명이다. 휘장 속에 몇 명이 있는지 가늠되지 않는다. 담혜는 황산을 떠날 무렵 뒤를 밟던 검은 무리임을 직감한다. 담혜는 지상에게 귓속말을 한다. 이번에는 맞붙을 심산이다. 여기까지 쫓아왔다면 어차피 피할 길이 없다.

말의 거친 숨결이 들릴 만큼 가까워지자 호위 무사가 안장을 차고 날아오르더니 긴 창을 담혜 쪽으로 날린다. 담혜는 피하지 않는다. 애초 자신을 겨냥하지 않았다는 것을 알았다. 동시에 다른 호위 무사가 날아오르더니 공중에서 지상을 향해 화살을 쏜다. 지상이 화살을 피하자 상대가 하강하면서 일격을 가해 온다. 지상은 가볍게 팅

겨 낸다. 상대 힘을 역이용한 것이다. 만약 강하게 받아쳤다면 지상도 만만치 않게 내상을 입었을 것이다. 힘껏 공격했다가 제힘 탓에 튕겨 나간 사내는 중심을 잃고 나가떨어진다.

어느새 그들은 대오를 갖춰 지상과 담혜를 에워싼다. 검은 옷에 검은 복면을 했다. 행색이 왠지 강호의 인물 같지 않다. 강호인이라면 적어도 복면으로 모습을 숨기지 않는다. 떳떳하지 못하다. 이들은 마치 기계처럼 순서대로 움직인다. 초식이 모두 거의 같아 훈련받은 군인 같다. 긴 창으로 원의 중심, 곧 지상과 담혜를 향해 찔러 온다. 창끝이 모이자 담혜와 지상은 사뿐히 딛고 제비 두세 바퀴를 돌아 착지한다. 창을 빼낸 사내들은 빙글빙글 돌며 틈을 노린다. 담혜와 지상은 등을 맞대고 시야를 확보한다. 담혜는 사내 여덟의 초식을 재빨리 읽는다. 무리가 일사불란하게 행동한다면 반드시 숨은 지휘자가 있을 것이다. 담혜는 우선 그를 공격할 심산이다. 8명을 한꺼번에 상대하기에는 아직 중과부적(衆寡不敵)[44]이다.

'어떻게 신호를 주고받지?'

담혜는 상대의 움직임을 주시하면서 속으로 흐름을 읽는다. 동작이 한결같아 허점을 찾기 어렵다. 담혜는 잠시 외관(外官)[45]을 닫고 소리에만 집중한다. 분명 발소리 하나가 다르다. 그 소리에 따라 방향과 속도가 달라진다. 담혜는 팔꿈치로 지상의 옆구리를 쿡쿡 찌른다. 지상의 귀에다 대고 이야기한다. 지상은 몸을 틀면서 담혜와 함께 적들에게 일격을 가한다. 공격할 틈만 노리다 갑자기 반격을 당하자 지휘자 같은 사내는 속수무책(束手無策)[46]으로 당하고 동시에 그를 따르던 대오도 무너진다.

"하핫!"

휘장 뒤에서 둔탁하면서 음흉한 웃음이 터진다.

"돌아가는 것이 도의 움직임이다[반자도지동 反者道之動]."

담혜가 깜짝 놀라 눈이 동그래진다. 담혜는 소리가 부딪혀 돌아가는 찰나를 잡은 것이다. 미묘한 순간을 누가 간파했을까? 할아버지가 아니면 아무도 모른다. 돌아가는 사정이 어떤지 지상은 눈치가 없다.

'할아버지만큼 무공이 세지 않고는…….'

담혜는 등골이 오싹해진다. 절대 이길 수 없는 고수를 만난 것 같다. 아무것도 모르는 지상이 얄밉다. 죽장으로 휘장을 제치고 의문의 목소리가 모습을 드러낸다. 사숙 습상이다. 습상이 내려오자 호위 무사는 대오를 정비하고 예를 갖춘다. 지상이 습상을 먼저 반긴다.

"사숙!"

지상은 긴장의 연속인 여행길에서 사숙을 보자 반가움이 앞선다. 담혜는 다르다. 왜 사숙이 낯선 무리와 함께 있는지 납득이 되질 않는다. 담혜는 경계심이 먼저 일어난다. 따스함보다 차가움이 밀려온 탓도 있다. 습상이 죽장을 앞세우고 성큼 다가오자 담혜는 한발 뒤로 물러난다.

"그간 힘들지는 않았느냐! 사부께서도 걱정이 많으시다."

지상이 예를 올리려 하자 습상이 제지하면서 한 말이다. 담혜는 이상한 기운을 감지한다. 습상이 변한 것 같다. 이들은 황산에서 노자와 습상 사이에 있었던 일을 아직 모른다. 지상은 구자에서 겪은 일을 주절주절 떠벌린다.

'뭐 자랑이라고. 쳇!'

담혜가 뽀로통한 얼굴로 곁눈질해도 지상은 멈추지 않는다. 습상은 담혜의 마음을 읽었는지 말을 끊는다.

"그래, 사부 말씀을 늘 새겨들어야지. 보이는 것에 현혹되지 말라 누누이 말씀하셨거늘. 눈으로 본 것 탓에 마음이 동하고, 마음이 동하면 마음이 제멋대로 기(氣)를 부린다. 마음이 기를 부린 것을 강이라고 한다[심사기왈강 心使氣曰强]. 이는 진정한 강함이 아니다. 올바른 강함이란 부드러움을 지키면서[수유왈강 守柔曰强] 기의 자연스러운 흐름에 맡겨야 한다. 아직은 어렵겠지만, 언젠가 너희도 그 경계에 올라설 수 있을 게다. 조급해하지 마라. 이제 겨우 한 걸음 뗐을 뿐이다."

담혜는 습상의 말에 빨려든다. 노자가 늘 했던 말이지만 직접 경험하고 들으니 의미가 새롭다. 지상은 긴가민가한 표정으로 무심코 흘러가는 구름을 바라본다.

'기의 자연스러운 흐름이란 저 구름 같은 것일까?'

습상의 말이 끝나기 무섭게 시립했던 무사들이 민첩하게 움직인다. 담혜는 습상의 말뜻을 새기느라 순간 방심했다. 지상은 애초 무방비 상태였다. 무사 하나가 재빠르게 담혜의 혈을 잡자 다른 무사가 바로 입을 틀어막아 담혜를 잠재운다. 지상에게는 공격하는 시늉만 부릴 뿐 공격하지 않는다. 담혜를 속이려고 일부러 모두를 공격하는 체했다. 손가락으로 담혜의 호흡을 확인한 무사가 습상에게 눈짓을 보낸다. 지상은 그저 어안이 벙벙하다. 사숙이 왜 담혜를 잠재웠는지 알 길이 없다.

습상이 지상의 어깨로 한 손을 내리고는 같이 걷자고 한다. 지상은 잠자코 따른다. 몇 걸음 지나 지상은 담혜가 걱정스러워 자꾸 되돌아본다. 그때마다 습상이 막는다. 무리가 소리를 듣지 못할 정도의 거리에 멈춰 습상은 지상에게 한참 설명한다. 지상은 잠자코 듣고 있다. 습상은 가볍게 지상의 등을 두드리고 수레를 타고 떠난다. 수레바퀴가 만든 먼지가 자욱한 지상은 물끄러미 보고 섰다.

지상은 잠든 담혜를 고요한 눈으로 내려다본다. 한 식경 지났을까. 담혜가 눈을 뜨자 지상의 얼굴이 먼저 들어온다. 손으로 지상을 밀쳐 낸다.

"사숙은?"

지상은 저도 모르겠다는 듯 고개를 젓는다.

"너도 당했구나!"

지상은 묵묵히 고개 떨군다. 담혜는 품 안의 죽간을 확인하면서 몸을 추스르고 일어선다. 담혜가 길을 나서자 지상은 말없이 뒤를 따라나선다. 둘은 한동안 말이 없다. 담혜는 일격으로 무너졌다는 데 분통이 터졌다. 사숙도 아닌 무공도 없는 무리에게 졌다는 사실에 괜히 짜증이 났다. 저 멀리 인가가 보일 동안 내내 툴툴거리며 아무 데나 발길질을 한다.

지상은 담혜의 그런 모습이 싫지 않고 오히려 더 귀엽게 느껴진다. 서산으로 해가 넘어가자 석양이 더 붉게 빛을 낸다. 저녁놀을 받아 담혜의 뺨은 홍조를 띤다. 흰 살결이라 더욱 선명하다. 지상은 우물쭈물 담혜의 뒤를 쫓아간다. 소쩍새가 길게 울기 시작하자 인가에 등잔이 하나둘씩 밝혀진다. 이맘때 소쩍새는 짝을 찾으려고 초저녁부터 새벽까지 운다. 소쩍새가 자주 울면 그해에는 흉년이 든다는 전설이 민가에 떠돌았다. 하지만 그것은 단지 인간의 생각일 뿐이다. 소쩍새는 순리대로 짝을 찾으려 제소리를 내는 것이다.

농부가 헛간을 내주었다. 둘은 조금 간격을 두고 나란히 누웠다. 담혜는 농부 아낙이 고봉으로 담아 준 밥그릇을 두 번이나 비웠다. 아낙의 손은 북두갈고리[47] 같았지만 마음이 넉넉했던 모양이다. 배가 차자 아까의 신경질은 삭은 듯했다. 새근새근 숨 쉬는 소리가 엷게 들려온다. 띠풀로 얼기설기 엮은 지붕 틈으로 별빛이 무수히 쏟아진다. 지상의 눈은 별빛을 받아 초롱초롱 빛난다. 지상은 쉽사리 잠들지 못하고 뒤척인다. 낮에 습상이 한 말이 뇌리에서 사라지지 않는다. 또 담혜가 달리 보이기 시작한다. 전에 없던 감정이다.

'어찌해야 하나?'

담혜가 잠꼬대를 하며 모로 돌아눕는다. 지상은 담혜를 가만히 바라본다. 어쩌면 지상이 세상과 처음 마주친 것이 담혜일지 모른다. 담혜는 사부나 사숙보다 먼저 그의 시야 속으로 들어와 각인되었다. 혈육은 아니지만 형제보다 더 가까웠다. 아니, 그 어떤 거추장스러운 이름이 필요 없는 사이였다. 늘 함께여서 거리를 느낄 수 없는 편안한 존재였다. 그런데 며칠 사이에 담혜가 의식되기 시작했다. 지상은 경험이 없어 자기감정이 무엇인지 모른다. 불안도 희망도 아닌 혼란스러운 마음에 지상은 거의 뜬눈으로 밤을 밝혔다.

홰를 치며 길게 울던 수탉의 울음이 갑자기 끊겼다. 잠깐 눈을 붙였을까, 지상은 눈을 비비며 일어난다. 담혜를 내려다본다. 담혜도 일어난다. 어색한 침묵이 흐른다.

아낙이 아침을 먹으라고 부른다. 밥상인지 상자인지 구분이 가지 않지만 위에 막 삶아 낸 닭이 한 마리 놓여 있다. 먼 길 떠나는 길손을 그냥 보낼 수 없었던 농부의 마음처럼 김이 모락모락 피어오른다. 깡말라 뼈만 남았지만, 밤바다 같은 검은 눈동자만 빛나는 아이들이 손님이 먼저 닭을 집기를 기다린다. 마른 침을 꼴깍 삼킨다. 담혜와 지상은 농부의 마음이 다가오자 눈시울이 뜨거워진다. 담혜는 자신은 거의 먹지 않고 애들이 먹을 수 있게 뼈를 발라 준다. 슬쩍 은전 몇 전도 방바닥에 떨어뜨린다.

농부는 가면서 먹으라며 잡곡을 빻은 가루를 챙겨 준다. 담혜와 지상은 그들이 시야에서 완전히 사라질 때까지 연해연방 돌아보며 인사를 한다. 전쟁은 귀족의 탐욕과 무능에서 비롯되었다. 아귀다툼 같은 생지옥에서도 민초에게 여전히 인정이 남아 있다. 노자는 인위(人僞)와 탐욕에 물들지 않는 본래 인간의 마음을 '통나무(樸)'에 곧잘 비유했다. 담혜는 순박한 농부를 통해 질박(質樸)이 무엇인지 희미하게 느낀다.

또래라도 여성이 남성보다 빨리 성숙하는가? 아니면 원래 여성이 남성보다 더 나은 존재인가? 노자는 '빈(牝)'과 '자(雌)'를 '모(牡)'와 '웅(雄)'보다 더 높이 평가한다. 전자는 암컷, 후자는 수컷을 총칭하는 말이다. 노자가 곡신불사(谷神不死)[48]나 현빈(玄牝)[49]을 강조하는 이유가 있을 것이다. 그 깊은 속내는 쉽게 다가오지 않는다.

담혜는 자기를 바라보는 지상의 눈빛이 예전과 다르다는 것이 육감적으로 다가온다. 딱히 싫지는 않지만 불편한 기분을 저버릴 순 없다. 동행해야 할 길이 아직 많이 남았다. 담혜는 골똘히 생각에 잠기더니 뒤에 처져 따라오던 지상을 기다린다. 무언가 작심한 듯 진지해 보이지만 표정은 해맑다.

"총욕약경(寵辱若驚)[50]!"

담혜가 갑자기 지상을 공격하면서 일성을 날린다. 지상은 피하지 않고 가만히 담혜의 권법을 받아 낸다. 풀숲으로 나뒹굴어 떨어지면서 낙법으로 몸을 보호한다. 머릿속으로 사부가 손녀에게만 비법을 전수한 것이 아닌가 하는 생각이 퍼뜩 지나간다. 마음에 균열이 가는 아픈 소리가 들린다. 습상이 두고 간 말도 다시 떠오른다. 지상은 옷을 털고 일어서며 비명처럼 외친다.

"무슨 말이야?"

담혜가 깔깔 웃는다. 일격을 당해 분한 마음이 가득한 지상에게는 담혜의 웃음소리가 달갑지 않다.

"사랑받든 미움받든 모두 놀란 듯이 하라!"

지상이 언젠가 사부께 들은 말이다. 당시에는 대수롭지 않게 넘겼었다. 무공이 더 중요하다고 생각해서이다. 그 의미는 여전히 어렵다.

"무슨 말이냐고!"

지상이 다그쳐 묻는다. 담혜가 들꽃을 가리킨다. 자운영인지 제비꽃인지 붓꽃인지 이름을 알 수 없지만 자태가 몹시 곱다.

"꽃은 언젠가 시들기 마련이야."

짐짓 가르치는 말투이다. 지상에게는 비유가 더 와 닿지 않는다.

"사랑 끝에 늘 미움이 따라오고, 명예 끝에는 늘 근심이 따라온다. 결국 사랑과 미움이 같고 명예와 근심이 같다[총필유욕 영필유환 寵必有辱 榮必有患]고 하셨잖아."

담혜는 스스로 대견한 듯 어깨를 올렸다 내린다. 담혜가 노자의 뜻을 얼마만큼 체득했는지 알 수 없다. 하지만 사랑이 한순간 미움으로 바뀐다는 것 정도는 알고 있다. 담혜도 무언가 확인하고 싶은 마음이 있었다. 지상의 마음이 진짜 어떤지 궁금했다. 지상은 '사랑'이란 말에 화들짝 놀란다. 몰래 품은 연정이 들킨 것 같아 얼굴이 뜨거워진다. 맥락을 따지지 않고 단지 그 말만 들린다.

"뭐라고, 사랑? 쳇!"

정말 성이 난 듯 얼굴이 붉으락푸르락한다. 담혜는 키득키득 웃지만 기분이 좋아진다.

"아니, 그 뜻이 아니라니까!"

담혜가 손을 내젓는다. 지상에게는 아무것도 들리지 않는다. 담혜를 두고 혼자 내달음친다.

"지상아!"

담혜가 부르는 소리가 귓전에서 점점 더 멀어져 간다. 눈물을 훔치며 한참 달리다 뒤돌아본다. 담혜가 점처럼 멀리 보인다. 잠시 망설이다 결심한 듯 담혜와 다른 길을 선택한다. 길가에 가로수가 늘어져 있지만 유독 한 그루만 조용히 흔들린다. 새끼에게 먹이를 주던 어미 새가 주변을 경계한다. 요묘가 이 광경을 묵묵히 지켜보고 있다. 담혜의 눈에도 설핏 눈물이 어린다. 지상이 사라진 길을 한동안 바라보다 몸을 틀어 가던 길을 재촉한다.

[42] 어기(語氣) : 말하는 기세.

[43] 화광동진(和光同塵) :《도덕경》56장에 나오는 말로, 빛은 고르게 비추고 먼지는 가지런히 쌓인다는 뜻. 도의 한 모양을 은유한 것이다.

[44] 중과부적(衆寡不敵) : 적은 수로 많은 수에 맞설 수 없다는 뜻.

[45] 외관(外官) : 오감 같은 외부로 향하는 감각.

[46] 속수무책(束手無策) : 어쩔 도리가 없어서 꼼짝하지 못한다는 뜻.

[47] 북두갈고리 : 말이나 소의 등에 짐을 맬 때 줄에 다는 갈고리.

[48] 곡신불사(谷神不死) :《도덕경》6장에 나오는 말로, 그대로 해석하면 "골짜기의 신은 죽지 않는다"는 뜻이다. 골짜기처럼 텅 비어 있지만 계곡물로 채워지는 넉넉한 삶의 자세를 강조한 것으로 볼 수 있다.

[49] 현빈(玄牝) :《도덕경》6장에 나오는 말로, 새끼 낳는 암컷. 만물을 생성하는 도(道)를 뜻한다. '현'은 그 작용이 심오함을 나타내고, '빈'은 암컷이 새끼를 낳듯 한다는 비유이다.

[50] 총욕약경(寵辱若驚) :《도덕경》13장에 나오는 말로, 평범한 사람은 사소한 총애와 모욕에도 놀라지만 사물의 도리에 정통한 사람은 그런 것을 경계한다는 뜻.

6

사부지자 불감위야

使夫智者 不敢爲也

꾀 많은 자, 꾸미지 못하게 하라

북방의 맹주인 진(秦)과 진(晉) 사이에는 전쟁이 그치지 않았다. 당시 주나라 왕실은 명분만 있는 허수아비였다. 진과 진, 두 제후국 중 승자가 곧 천하의 패권을 차지하는 것이나 다름없었다. 크고 작은 전쟁이 끊이지 않았고, 백성은 까닭도 모른 채 전장에서 죽어 나갔다. 시체가 산을 이루고 선혈이 강을 붉게 물들였다. 남겨진 노인과 아이들은 기근과 질병에 시달렸으며, 초근목피(草根木皮)[51]로 질긴 생명을 겨우 이어 가고 있었다. 귀족들도 저들끼리 목숨을 앗아 갔으며 왕이나 제후도 언제 목이 달아날지 좌불안석(坐不安席)[52]이었다.

전쟁을 시작할 때는 그럴듯한 명분이 있었는지 모른다. 그러나 날이 갈수록 명분은 희미해졌고, 명분을 앞세운 권력의 탐욕만 더 거세어졌다. 진(晉)을 거쳐 진(秦)의 옹도까지 가는 동안 도기는 전쟁의 참상을 피할 수 없었다. 삶보다 죽음을 더 많이 경험하게 되었다.

'도대체 무엇을 위한 전쟁인가? 막을 길은 없는가?'

곡부에서 옹도까지 2000여 리 길을 여행하면서 도기는 스스로에게 묻고 또 물었다. 어쩌면 스승 노자조차도 답을 줄 수 없는 물음이었지만, 자문(自問)이 도기를 한층 더 성장시켰다.

노자가 도기를 공자에게 보낼 때는 나름대로 이유가 있었다. 공자가 자신보다 세상과 더 가까이 있어 중원의 정세를 훤히 꿰뚫고 있다고 생각했다. 노자의 생각은 틀리지 않았다. 공자는 노자의 마음을 헤아렸다. 공자는 진(秦)나라로 기인이사가 몰려든다는 소문을 이미 들었다. 인재를 모은다는 것은 중원을 향한 야심이 있다는 뜻이다.

진(秦)나라는 주나라 서북쪽에 위치해 진(晉)을 제외한 다른 제후국에 시달리지 않아 내실을 다질 수 있었다. 뒤로는 강력한 견융 세력이 버티고 있고 다른 쪽으로 사막과 산맥에 가로막혀, 동쪽이 아니면 영토 확장이 어려웠다. 진나라가 호시탐탐 중원을 노리며 동진(東進)한다면 중원에는 전에 없던 피바람이 불 것이다. 진나라 군대는 잔인하기로 악명이 높았다. 문파는 다르지만 노자와 공자의 평화를 향한 열망은 한결같았다. 노자와 공자는 멀리 내다보고 도기가 재앙을 막는 작은 역할이라도 하기를 바랐다.

진나라 제후는 성이 영씨(嬴氏)이다. 전해 오는 이야기에 따르면 진나라 조상인 백예가 우(禹)임금을 도와 치수(治水)에 성공했는데, 순임금이 이를 가상히 여겨 봉토를 하사하면서 성을 내렸다고 한다. 백예가 분봉 받은 땅은 중원보다 오랑캐와 가까웠고, 황무지가 농토보다 훨씬 많아 경제적으로 낙후했다. 중원 문화의 영향을 받지 못해 중원에서 오랑캐처럼 취급했다.

양공(襄公) 때 이르러 사정이 달라졌다. 양공이 중원에 이름을 알리기 시작한 것은 주나라 유왕(幽王)의 폭정 덕분이었다. 유왕이 즉위하자 지진과 가뭄이 잇달아 발생했다. 충신들이 선정을 베풀어야 한다고 여러 차례 간언했지만 유왕은 듣지 않았다.

유왕은 후비(后妃) 포사(褒姒)를 총애했다. 포사를 둘러싼 전설 같은 이야기가 많다. 우선 포사의 탄생부터 그렇다. 이야기는 하(夏)나라 말기로 거슬러 올라간다. 하나라 왕궁에 갑자기 용 두 마리가 출현했다. 처음 점을 치니 살려도 죽여도 불길하다고 해 다시 점을 쳤더니, 용에게 타액을 받아야만 길하다는 점괘가 나왔다. 그래서 타액을 받아 상자에 봉하고 흔적도 없이 묻어 버렸다. 하나라가 멸망하고 은왕조에 전해졌지만 두려워 아무도 이 상자를 열지 못했다. 은나라가 망하고 주나라로 전해졌다.

주나라 여왕(厲王)이 결국 이 상자를 열고 말았다. 타액이 흘러나오자 여왕은 궁녀들을 발가벗겨 고함치게 했다. 그러자 타액은 검은 도마뱀으로 바뀌어 후궁(後宮)으로 숨어 버렸다. 후궁에는 마침 예닐곱 살 된 계집종이 있었는데 도마뱀과 마주쳤다. 이 아이가 나중에 커서 처녀의 몸으로 수태해 아이를 낳고는 무서워 내다 버렸다. 이때는 여왕이 이미 죽고 선왕(宣王)이 통치하고 있었다. 민간에서 이상한 노래가 유행했다.

산뽕나무 활

기나무 활통

주왕조는 이것 때문에 망하리라

　선왕은 불쾌해 노래를 만든 자를 찾아 죽이려고 혈안이 되어 있었는데, 마침 활과 화살통을 만들어 팔던 행상 부부가 도성에 나타났다. 선왕은 이들을 죽이라고 명령했다. 부부는 도망치다 궁녀가 버린 여자아이를 발견하고는 데리고 포(褒)나라로 망명했다. 포사라는 이름은 여기서 연유한 것이다.

　훗날 포나라 사람들이 주나라 유왕에게 죄를 짓고 요염하게 성장한 포사를 뇌물로 바쳤다. 포사를 보자마자 유왕은 한눈에 반해 버렸다. 아들 백복(伯服)을 낳았다. 포사가 간청하자 정비(正妃)인 신후(申后)와 태자 의구(宜臼)를 폐하고 포사를 정비에, 백복을 태자에 앉혔다. 유왕이 포사의 뜻대로 다 해 주어도 포사는 잘 웃지 않았다. 유왕은 안달이 났다. 포사를 웃게 하려고 수단과 방법을 가리지 않았다. 포사는 도무지 웃지 않았다. 그래서 포사를 한 번 웃게 만들면 천금을 내리겠다는 포고를 하기도 했다. 고사성어 '일소천금(一笑千金)'이 여기서 유래했다.

　이전에 유왕은 외적 침입에 대비해 봉화대를 만들어 두었다. 봉화에서 연기가 오르고 북소리가 크게 나면 오랑캐가 쳐들어온다는 신호이므로 각 제후들은 촌각을 다투어 주나라의 수도로 달려와야 했다. 이것이 제후에게 주어진 가장 큰 의무였다.

하루는 유왕이 심심풀이로 봉화를 올렸다. 그러자 각 제후들이 쏜살같이 수도 호경으로 모여들었다. 그런데 와서 보니 오랑캐의 그림자조차 보이지 않았다. 제후들은 분통을 터뜨리며 돌아갔다. 그때야 포사가 가지런한 이빨을 드러내고 목젖이 보이도록 깔깔 웃었다. 마치 항아(姮娥)[53]가 막 하늘에서 내려온 듯이 예뻤다. 유왕은 넋을 잃고 한참 바라보았다. 이후 유왕이 자주 이 짓거리를 하자 제후들은 봉화를 올려도 오지 않게 되었다.

폐위된 왕후에게 신후(申侯)라는 아버지가 있었다. 딸 신후와 외손자 의구가 폐위되자 신후는 증국(繪國)과 서쪽 견융과 연합해 유왕을 공격했다. 유왕이 다급히 봉화를 올렸으나 구원병은 단 한 명도 오지 않았다. 신후가 지휘하는 군대는 유왕을 여산까지 추격해 처결했다. 의구가 왕위에 오르니 이가 주(周) 평왕(平王)이다.

그런데 오랑캐 군대는 목적을 달성하고도 퇴각하지 않고 노략질을 일삼았다. 오히려 평왕을 위협하기까지 했다. 이때 진(秦)의 양공이 구원하러 와 평왕을 모시고 낙읍(洛邑)으로 천도했다. 양공은 이 공로를 인정받아 봉지와 작위를 받았다. 양공은 이때부터 다른 제후와 같은 반열에 올라섰다.

주나라의 낙읍 천도는 주나라가 처한 현실을 상징적으로 보여

주었다. 주나라 왕실은 외적을 막을 군사력이 없으며, 제후를 통제할 지배력도 없음을 의미했다. 주나라를 중심으로 한 중원의 질서가 무너진 것이다. 혼란의 대명사, 춘추 전국 시대는 이렇게 시작되었다. 천도 이전을 서주(西周)라 부르고, 천도 이후는 동주(東周)라 부른다. 기원전 771년의 일이다.

진(秦)이 두각을 나타내기 시작한 것은 목공(穆公, 기원전 682~621년)이 왕위에 오르면서부터이다. 당시는 관포지교(管鮑之交)[54]로 유명한 관중(管仲)을 등용한 제나라 환공(桓公)이 천하의 맹주 노릇을 하고 있었다. 목공 즉위 후 제나라의 명재상 관중과 습붕(隰朋)이 죽고 환공마저 세상을 버리자 제나라는 왕위를 둘러싼 내란에 휩싸이게 되었다.

제나라 세력이 약해지자 중원은 새로운 강자가 필요했다. 진나라 목공은 백리해(白里奚), 건숙(蹇叔), 유여(由余) 등을 등용해 내정을 안정시키고 밖으로 영토를 넓혀 동으로 황하까지 닿았다. 이때야 비로소 진(秦)은 중원으로 향하는 교두보를 마련했다.

한편 목공은 이웃 진(晉)나라 내정에도 관여해, 헌공(獻公)의 적자인 이오(夷吾)와 중이(重耳)가 재위에 오를 수 있도록 도왔다. 이들은 각각 혜공(惠公)과 문공(文公)이 된다. 혜공 즉위 초기에 큰 가뭄이 들어 아사하는 백성이 많았다. 목공은 백리해의 의견에 따라 이들을 도와주었다. 얼마 뒤 이번에는 진(秦)나라에 큰 기근이 들었다. 목공의 요청에도 혜공은 도와주지 않고 오히려 공격했다. 이 전쟁에서 목공이 승리하면서 혜공을 포로로 잡았지만, 혜공의 손위 누이가 목공의 왕비였고 또 주나라 천자가 간청해 곧 풀어 주었다.

이때부터 진(晉)과 진(秦)은 은원 관계를 반복한다. 진(秦)은 중원으로 진출하려면 반드시 진(晉)을 꺾어야 했고, 진(晉) 역시 중원을 품으려면 배후가 걱정이 없어야 했다. 이 진진 전쟁은 진(晉)이 귀족들의 내분으로 한(韓), 위(魏), 조(趙), 세 나라로 쪼개지기까지 계속되었다. 진의 삼국 분할은 기원전 475년경이다. 낙양 천도에서 진의 삼국 분할까지를 춘추 시대(春秋時代)라 하고, 진의 삼국 분할에서 진시황이 천하 통일할 때까지를 전국 시대(戰國時代)라고 한다.

도기가 진나라로 들어갔을 때는 경공(景公)이 다스리고 있었다. 도기는 왕이나 귀족 때문에 전쟁이 빈번하다고 생각했다. 이들의 탐욕과 잔꾀가 세상을 지옥으로 만드는 것이다. 도기는 이들의 실상을 가까이에서 보고 싶었다.

진의 궁궐 대정궁(大鄭宮)으로 숨어 들어갔다. 대전 천장으로 잠입했을 때 마침 큰 연회가 열리고 있었다. 천정(遷廷)의 전쟁에서 승리한 경공이 장군들을 위로하는 자리였다. 역(櫟) 전쟁에서 패퇴한 진(晉)나라 도공(悼公)이 제후를 연합해 복수하려 일으킨 것이 천정의 전쟁이다.

진(晉)나라는 노나라의 숙손표(叔孫豹), 제나라의 최저(崔杼), 송나라의 화열(華閱), 중강(仲江) 위나라의 북궁괄(北宮括), 정나라의 공손채(公孫蠆) 등과 연합해 진(秦)을 치려고 경수(涇水) 아래에 군대를 주둔시켰다. 경수만 넘으면 바로 진(秦)의 영토였다. 그런데 결전을 앞두고 연합군은 강을 건너기를 내켜 하지 않았다. 용맹하고 잔인한 진의 군대가 두려웠기 때문이다.

군대는 강가에 숙영했다. 며칠 뒤, 저녁을 잘 먹고 취침에 들어간 병사들이 하나둘씩 죽어 나가기 시작했다. 새벽 무렵에 거의 전멸하다시피 병사들이 죽어 나갔다. 경수 상류에다 진(秦)나라 군대가 독을 푼 것이다. 그 강물로 저녁을 지어 먹은 병사는 모두 절명했다. 연합군은 사기가 꺾여 철군했고, 먼저 깃발을 건 진(晉) 군대는 마지못해 적진으로 돌격했다. 이때 앞서 진격한 장수가 난침(欒鍼)과 사앙(士鞅)이다. 격렬한 백병전(白兵戰)[55] 끝에 난침이 전사하자 형 난대가 동생을 지키지 못했다고 사앙을 핍박했다. 사앙은 할 수 없이 진나라로 망명했다.

경공을 중심으로 좌우로 서열대로 장수들이 앉아 있다. 앞에 모두 술상이 놓였다. 귀한 촛불이 대낮처럼 대전을 밝히고 있다. 울창주(鬱鬯酒)[56] 향이 진동한다. 도기가 난생처음 보는 진귀한 과일이 상에 가득 놓여 있다. 과일이 단내를 풍기자 벌레가 달려든다. 궁녀들이 손으로 벌레를 쫓는다.

"웅장(熊掌)[57]은 역시 초나라 것이 맛이 좋아!"

경공이 웅장 잔뼈를 발라내며 들뜬 목소리로 말한다. 도기는 인상을 찌푸린다. 여행길에 만난 백성들은 먹을 것이 없어 아사 직전인데, 이들은 기름진 요리로 제 뱃속만 채우고 있다. 궁녀가 경공의 잔을 채운다. 고운 얼굴이지만 표정이 없다. 경공이 잔을 들자 모두 따라 든다.

"오늘 승리도 승리지만 명장 사앙께서 우리 편으로 오셨소. 과인(寡人)은 천군만마를 얻은 기분이오. 오늘은 걸어서 가시지 못할 것입니다. 하하!"

경공이 잔을 비우자 이어서 도열한 장수들이 경공의 만수무강을 축원하며 잔을 비운다. 모두 잔뜩 흥분해 있다.

"진(晉)나라는 임금은 실권이 없고 대부들이 권력을 농단한다고 들었습니다. 난씨, 지백씨, 한씨, 위씨, 조씨 가문 중 누가 제일 먼저 사라질 것 같소?"

경공이 잔을 내리며 사앙을 향해 묻는다. 사앙은 주저하지 않고 바로 대답한다.

"난씨 가문입니다."

"왜 그렇습니까?"

"난대(欒黶)가 교만하고 제 성질대로 행동하기 때문입니다."

"그럼 난대가 난씨 가문의 끝이군요?"

경공이 술상을 물리고 앞으로 다가앉는다.

"아닙니다. 아마 아들 난영(欒盈) 때 멸문할 것 같습니다."

"교만 방자해도 바로 화를 입지 않는 것은 어떤 연유입니까?"

경공이 의아한 표정으로 묻는다. 궁녀가 술상을 다시 경공 앞으로 옮기면서 잔을 채운다.

사앙은 눈을 감고 머뭇거린다. 이윽고 입을 뗀다.

"난대의 부친 난서(欒書)가 백성에게 은덕을 많이 베풀었습니다. 백성들 사이에는 아직 난서를 칭송하는 소리가 자자합니다. 난대는 아버지 덕택에 아직 자리를 지키고 있습니다만, 덕을 베풀지 않아 아들 대에 가면 은덕이 다 사라지고 원성만 남을 것입니다. 난영은 재주도 아둔하고 아버지 은택도 못 입으니 다른 대부들 속에 결단날 것입니다."

말을 끝낸 사앙의 얼굴이 어둡다. 경공은 술잔을 들어 건배를 청한다. 무거워진 분위기를 바꾸려 일부러 더 크게 소리를 지른다. 도기에게 사앙의 말이 크게 다가온다.

'사부께서 '자기를 드러내지 마라[부자현 不自見]'고 하신 것이 이런 뜻인가?'

노자는 물처럼 항상 낮게 자신을 낮추고 앞서지 말라고 누누이 가르쳤다. 물은 앞을 다투지 않고 강줄기를 따라 흐르면서 만물을 이롭게 한다. 노자는 이것이 도라고 할 수는 없지만 도에 가깝다고 높이 평가했다. 도기는 이런 상대는 얕잡아 보아서는 안 된다는 것을 직감한다. 스승의 말씀이 귓전에 맴돈다.

　　항상 얼음이 엷은 겨울 내를 건너듯이 조심하라〔약동섭천 若
　　冬涉川〕!

"이번 전쟁에서 그대의 공이 크오!"

경공이 자리에서 일어나 술병을 직접 들고 말석에 앉은 누군가
에게로 다가서며 말한다. 좌정한 사람이 잔을 두 손으로 받들자 경공
이 술을 넘칠 듯 말 듯 따른다. 사내는 단숨에 마신다. 그리고 천천히
고개를 든다. 도기는 얼굴을 따라가다 깜짝 놀란다. 습상이었다.

'사숙!'

도기는 하마터면 소리가 밖으로 나올 뻔했다.

'사숙이 어떻게 여기에?'

도기는 지금 상황이 믿기지 않는다.

"그대 무공이 신기에 가깝다고 모두 입을 다물지 못하고 있소."

경공은 흐뭇한 얼굴로 습상을 내려다본다. 입가에 미소가 가시
지 않는다.

"과찬이십니다."

습상이 고개를 숙이며 대답한다. 경공은 자세를 낮추며 습상의
어깨를 어루만진다.

"그 일은 어떻게 되어 가고 있소?"

"아이 하나가 행방이 묘연합니다만 곧 찾을 수 있을 듯합니다."

경공은 고개를 끄떡인다.

"과인 휘하는 쓸 만합니까?"

습상이 머리를 조아린다. 경공은 습상에게 휘하 정보원들을 마음대로 쓰게 해 주었다. 춘추 전국 시대는 끊이지 않는 전쟁 탓에 첩보가 무엇보다 중요했다. 제후들은 중원 곳곳에 심은 정보원을 통해 중원의 추이를 손바닥 보듯 훤히 꿰뚫고 있었다.

"노나라에서 진(晉)을 거쳐 우리나라로 잠입한 것 같은데 저잣거리에서 행방을 놓쳤습니다만, 독 안에 든 쥐라 곧 찾아낼 것입니다."

습상이 천장을 힐끗 쳐다본다. 도기는 저절로 몸을 움츠린다. 발각될까 두렵기도 하고, 습상이 자기 이야기를 하는 것 같아 무섭다.

"그 아이만 찾으면 비급이 완성되는 것인가요?"

"그렇습니다. 한 조각은 이미 확보했고, 여자아이가 낙양 근처에 이르면 그때 틈을 보고 있습니다. 먼저 움직였다가 행여 황산에 알려지면 노자가 먼저 손쓸 수도 있으니 말입니다."

사부 이름이 나오자 도기는 혼이 달아날 정도로 놀란다. 습상이 노리는 것은 바로 《도덕경》이었다. 여자아이란 담혜를 두고 하는 말일 터다.

"그대가 절대 무공에 이르면 과인이 뜻하는 바도 빨리 이룰 수 있을 것이요. 전쟁을 막는 길은 적을 모두 아우르고 천하를 통일하는 수밖에 없지 않겠소.”

“그렇습니다.”

습상의 목소리는 고요하고 침착하다. 노자와 습상 모두 목표는 같을지 모른다. 전쟁을 끝내고 평화를 희구하는 것은 그들 모두 한마음이다. 그러나 목표로 향해 가는 길은 달랐다. 노자는 도(道)를 따르지 않아 세상이 혼란하므로 도를 따르면 저절로 평화가 찾아온다고 생각했다. 반면 습상은 노자의 길은 너무 요원하며, 더 강력한 군대가 일시에 적을 제압하고 통일하면 천하가 평화로울 것이라고 주장했다. 군대가 강해지려면 일사불란한 지휘 체계가 필요하다. 지휘의 정점에는 총괄하는 왕이 있다. 결국 왕 중심으로 국가 전체가 군대처럼 조직되어야 한다. 습상의 이런 생각은 진(秦)이 추구하는 정치와 일치했다. 그래서 습상은 황산을 버리고 제 발로 경공을 찾아왔다. 물론 그 전에 내통이 있었다.

전쟁에는 막대한 비용이 든다. 이는 모두 백성의 고통에서 나온다. 세금을 거두려면 국가는 백성을 통제하고 감시해야 한다. 그래서 상업보다 농업을 장려한다. 상인은 떠돌아 관리가 어렵지만, 농민은 붙박이라 쉽게 동태를 파악할 수 있다. “농업이 천하의 대본” 같은 표어도 어쩌면 꾀 많은 자가 지어낸 수탈의 방편일지도 모른다. 춘추 전국 시대의 모든 제후들은 늘 백성, 곧 농민에게 어떻게 하면 세금을 더 거둘까 잔꾀를 부렸고 백성의 안녕과 평화에는 눈곱만치도 관심이 없었다.

경공이 습상과 이야기를 끝내고 자리로 돌아가면서 말한다.

"무슨 좋은 방도가 없는가!"

이번 전쟁에 치른 비용 탓에 국가 재정 자체가 무너질 판국이다. 전쟁은 결국 승자도 패자인 셈이다. 경공은 지금 국가 창고를 채울 방안을 묻는 것이다. 친동생 후자침(后子鍼)을 쳐다본다. 며칠 전, 대책을 강구하라고 경공이 명령을 내렸다. 둘은 서로를 쳐다보며 슬며시 웃는다.

"묘안을 떠올렸으나 어떨지 모르겠습니다."

"어디 말해 보아라."

"전국을 잘게 나눠 관리를 파견하시고 중앙에서 직접 통제하면 어떨까 합니다. 토호(土豪)[58]가 중간에서 세금을 가로채기 일쑤입니다. 그것만 제대로 거둬도 나라 창고가 넘쳐 날 것입니다."

주변이 술렁거리고 경공의 눈은 빛난다.

"더 자세히 말해 보아라!"

"나라 전체를 잘게 구분하고 마을도 잘게 나눕니다. 가령 다섯 가구씩 나눠 할당량을 부과합니다. 어떤 집 하나가 세금을 내지 못하면 다른 집에 연대 책임을 묻습니다. 이들이 야반도주라도 하면 다른 집에 또 그 책임을 지웁니다. 그러면 세금이 무서워 서로 감시하게 되고, 이들이 불화하면 중앙에서 더 통제하기 쉽습니다."

"탁견(卓見)[59]이다!"

경공은 무릎을 쳤다. 이는 나중에 군현제(郡縣制)[60]로 구체화된다. 다섯 가구씩 묶어 연대 책임을 묻는 것도 훗날 상앙이라는 법가가 진나라에서 실제 정치에 적용한다. 이 제도 탓에 백성은 옴짝달싹 못하면서 세금이란 명목으로 약탈당하게 되었다. 진나라는 점점 국가 전체가 병영화되는 전제 국가로 흘러가고 있었다. 모두 윗자리에 앉은 자의 잔머리에서 나온 것이다.

"곧 과인의 시대가 올 것이다. 모두 잔을 들어라!"

왕이나 신하 할 것 없이 모두 대취한다. 취하자 이성을 잃고 궁녀들을 함부로 대한다. 습상도 무너지기는 마찬가지이다. 도기는 소리 없이 대전 천장을 빠져나온다. 달빛이 하얗게 부서지고 있다. 도기는 지붕에 앉아 한참 생각에 잠긴다. 남쪽으로 향하는 철새가 상현달을 지나간다. 구름 몇 점이 달을 가렸다 금방 사라진다. 도기는 품 안의 죽간을 확인하고 허리끈을 고쳐 묶는다. 도기는 가슴에서 끓어오르는 분노를 느낀다.

'이 전쟁이 모두 꾀 많은 자의 탐욕 때문인가?'

도기는 지붕에서 하강하면서 스스로에게 묻는다. 땅에 가볍게 닿자 어떤 사명감이 동시에 내려앉는다.

[51] 초근목피(草根木皮) : 풀뿌리와 나무껍질이라는 뜻으로, 맛이나 영양 가치가 없는 거친 음식을 일컫는다.

[52] 좌불안석(坐不安席) : 앉아 있어도 자리가 편안하지 않다는 뜻으로, 불안과 근심 때문에 안절부절못하는 모양을 가리킨다.

[53] 항아(姮娥) : 달 속에 있다는 전설 속의 선녀.

[54] 관포지교(管鮑之交) : 중국 춘추 시대 때 관중과 포숙의 사이를 가리키는 말로, 우정이 아주 돈독한 친구 관계를 뜻한다.

[55] 백병전(白兵戰) : 칼이나 창, 총검 같은 무기를 가지고 적과 몸으로 싸우는 전투.

[56] 울창주(鬱鬯酒) : 튤립을 넣어서 만든 술. 제사 때 신을 내리게 하기 위하여 향을 피우고 이 술을 붓는다. 귀한 술을 의미한다.

[57] 웅장(熊掌) : 곰의 발바닥.

[58] 토호(土豪) : 어느 한 지방에서 오랫동안 살면서 세력을 휘두르는 사람.

[59] 탁견(卓見) : 뛰어난 의견.

[60] 군현제(郡縣制) : 전국을 몇 개의 행정 구획으로 나누어 중앙에서 임명한 지방관을 파견해 다스리던 중앙 집권 제도.

7

화혜복지소의
복혜화지소복

禍兮福之所倚
福兮禍之所伏

화여! 복이 너에게 기대고 있도다
복이여! 화가 너에게 숨어 있도다

도기가 삼문협(三門峽)에 도착하니 까치가 먼저 반겼다. 까치가 울면 손님이 온다는 민가의 속설은 틀렸다. 까치는 손님을 반기지 않는다. 다만 텃새인 까치는 제 구역을 침범하는 낯선 이를 경계해 목청을 높인다. 인간이 자의적으로 자연을 해석한 것이다. 노자는 이런 인간의 편견을 경계하는 말을 자주 했다.

하늘과 땅은 어질지 않다〔천지불인 天地不仁〕.

하늘과 땅은 인간을 위해 존재하지 않는다. 천지는 세계의 질서에 따라 그저 그렇게 존재할 뿐이고, 인간 또한 질서 아래 존재하는 하나의 조각일 뿐이다. 그래서 "성인은 백성을 풀 강아지처럼 다룬다〔성인이백성위추구 聖人以百姓爲芻狗〕"고 했다.

삼문협은 진(秦)의 도성과 낙양 중간쯤 자리 잡은 협곡이다. 동으로 낙양, 남으로 복우산(伏牛山), 서쪽에는 진의 옹도, 북으로 황하와

진(晉)의 국경과 닿아 있다. 전설에 따르면 우임금이 치수를 할 때 인문(人門), 귀문(鬼門), 신문(神門)이라는 수로 세 개를 뚫었는데 이후 삼문협이라 불린다고 한다. 후세에 이를 두고 우개삼문(禹開三門)이라고 부른다.

이뿐만 아니라 삼문협은 여러 곳이 만나는 지점이라 문화가 발전했으며, 다양한 전설을 만들어 냈다. 노자가 《도덕경》의 초안을 잡은 곳도 여기라고 한다. 또 요충지이면서 중원으로 향하는 길목으로, 이를 두고 늘 쟁탈전이 벌어졌다. 처음에는 진(晉)이 점령했다가 나중에는 진(秦)이 빼앗았다.

주나라는 당시 경왕(景王)이 다스리고 있었다. 경왕 재위 때는 겉으로는 평화로운 시기였다. 선대 영왕(靈王)의 치세 덕분이다. 영왕 재위 기간에는 전쟁의 화염이 다소 수그러들었는데, 송나라 대부 향수(向戌)의 중재로 진(晉)과 초(楚)가 송나라 수도 상구(商丘)에서 회맹(會盟)[61]을 갖고 정전에 합의했기 때문이다. 이에 진(秦)을 비롯한 다른 제후국도 같이 맹약을 맺었다. 이를 미병회맹(弭兵會盟)이라고 한다. 미병회맹 10년간 국제전은 없었다. 중원에 잠시 평화가 찾아온 셈이다.

그러나 외면과 달리 실상은 그렇지 않다. 회맹 이전에는 각 제후국들이 서로 패자가 되려고 전쟁을 벌였다면, 이후에는 외부의 적이 사라지자 각국 내부에서 왕위를 두고 왕과 귀족, 귀족과 귀족 간에

쟁탈전이 벌어졌다. 내부 전쟁이 외부보다 더 잔인했다. 국외 전쟁은 적당한 타협이 있었지만, 내부는 승자가 아니면 곧 죽음이라 더 격렬했다.

도기는 쌍룡만(雙龍灣)에 올라 물결을 바라본다. 강물은 깊고 조용히 흐른다. 푸른 잎을 배경 삼아 월계화(月季花)가 더 짙붉은데 약해 보이지만 세찬 바람에도 쓰러지지 않는다. 단단해 보이는 설송(雪松)도 바람 따라 흔들린다. 도기는 산들바람을 기분 좋게 맞는다. 긴 여행이라 어느새 젖살이 빠져 한층 성숙해 보인다. 앉은 모양새나 몸가짐에서 차분한 기운이 느껴진다. 도의 근본이 움직임(動)이 아니라 고요함(靜)이라는 것을 체득한 것일까?

'습상 사숙은 왜 진나라 조정에 있었던 걸까?'

도기는 한참 상념에 젖는다. 도기가 어릴 때 습상은 다른 사숙과 달리 유달리 엄했다. 조금이라도 실수하면 불호령이 떨어졌다. 도기는 그의 냉랭한 기운에 몰래 눈물을 훔친 적이 한두 번이 아니었다. 그때마다 담혜가 누나처럼 달래 주었다. 담혜가 포근히 감싸 주면 도기는 언제 그랬냐는 듯이 이내 밝아졌다.

"다 너를 위해서야."

담혜가 했던 말이 귓전으로 지나간다. 도기는 실없이 웃는다. 담혜와 지상이 어떻게 되었는지 이제야 궁금해졌다. 도기가 황산을 나와 만나는 풍경은 모두 처음 보는 것이었다. 긴장과 충격의 연속이었다. 제 한 몸 간수하기도 여력이 없었으니 담혜와 지상을 염려할 여유가 없어 까맣게 잊고 있었다.

설송의 잔가지가 흔들린다. 월계화도 꽃잎 몇 개를 떨군다. 검은 복면이 발소리조차 죽이며 도기를 에워싼다. 몸놀림이 가볍고 민첩하다. 도기는 밀려드는 기운을 감지하지 못한다. 서산으로 향하던 태양이 마지막 햇살을 강물에 뿌리고 있다. 강물은 반짝 빛난다. 숭어 한 마리가 물결을 치고 오르더니 강 밖으로 떨어진다. 조짐이 좋지 않다.

"으하하!"

음흉한 웃음소리에 도기는 번쩍 정신이 든다. 벌떡 일어나 살피니 이미 포위당한 상태다. 에워싼 대형이 치밀해 활로가 없다.

쿵!

죽장으로 땅을 치는 소리가 크게 난다. 복면 몇이 잰걸음으로 포위망을 연다. 누군가 죽장을 짚고 도기 쪽으로 다가온다. 도기의 시선이 자연 그쪽으로 향한다. 소스라치게 놀란다. 습상이 지상과 같이 나타난 것이다. 도기는 저도 모르게 예를 갖춘다. 습상은 받는 둥 마는 둥 한다. 지상은 도기를 보고도 눈인사조차 보내지 않는다.

"아둔한 녀석! 내가 그렇게 일렀거늘. 쯧."

도기는 습관처럼 고개를 떨어뜨린다. 어릴 적부터 늘 듣던 질책이다. 습상은 행동이 굼뜨고 셈이 느린 도기를 못마땅해했다. 도기가 근기가 있다며 노자가 아낄 때도 인상을 찌푸렸다. 습상은 영민한 지상을 편애했다.

"사숙, 제자 도기 문안드립니다."

도기는 대정궁에서 습상을 본 일을 모른 체하고 예를 갖춘다.

"흥!"

습상은 코웃음을 날린다. 곁에 있던 지상도 씩 웃는다. 비웃음이 깔려 있다.

"네 사부의 말을 잊었느냐. 약외사린(若畏四隣)[62]!"

도기는 머리를 긁적이면서도 '네 사부'라는 말이 몹시 귀에 걸린다. 사숙은 스승을 두고 한 번도 그렇게 부른 적이 없다.

"가르침을 받았으나, 제자 아둔하여 미처 따르지 못하고 있습니다. 무슨 말씀인지 다시 하교해 주십시오."

"항상 주위를 살펴라!"

"그 뜻은 아오나 지금과 무슨 상관이 있는지요?"

도기는 말끝을 올린다. 도기는 약간 화가 났지만 누르고 있다.

'사부께서는 '잘 싸우는 자, 성내지 않는다[선전자불노 善戰者不怒]'고 말씀하셨지.'

도기는 평정을 유지하려 애쓴다.

"네가 대정궁에 쥐새끼처럼 숨어든 것을 모를 줄 아느냐!"

습상은 교만한 눈빛으로 도기를 내려다본다. 도기는 놀랐지만 짚이는 것이 있다. 대정궁으로 잠입한 날 습상이 천장을 한참 본 장면이 그려졌다. 습상은 첩자라는 것을 간파하고 몰래 군사를 풀어 뒤를 밟게 했다. 진(晉)나라 첩자였다면 역이용할 심산이었다. 그런데 첩보에 따르면 인상착의가 도기 같아 몸소 추격했다. 그렇지 않아도 행방을 찾던 중이라 내심 쾌재를 불렀다.

"순순히 내놓아라!"

습상이 윽박질렀지만 도기는 멀뚱 습상을 쳐다본다.

"무엇을 달라 하십니까?"

도기는 진짜 모르겠다는 표정이다.

"어리석은 놈."

도기는 그제야 가슴을 더듬는다. 습상이 무엇을 노리는 줄 알아차렸다.

"지상, 넌 왜 거기 있어? 나랑 같이 사숙을 협공하자. 그럼 우리에게도 승산이 있어!"

지상이 피식 웃는다. 그러고는 습상 뒤로 숨는다. 일전 습상이 담혜를 공격하고 지상을 몰래 데리고 갔을 때, 습상은 지상에게 친부모가 어디 사는지 안다고 했다. 친부모를 찾으려면 반드시 자기 말을 들어야 한다고 했다. 지상은 반신반의(半信半疑)[63]했다. 그러자 습상은 비급 이야기를 꺼냈다. 노자에게 준 비급은 온전하지 않고 너와 담혜, 도기가 나눠 갖고 있으니 세 개를 합쳐야 한다고 했다. 비급을 모두 모으면 너에게만 전수해 주겠다고 하니 지상은 솔깃했다. 얻기 어려운 보물은 사람은 망가뜨린다[난득지화령인행방 難得之貨令人行妨].

지상은 비급에 눈이 멀어 형제 같은 친구도 버렸다. 도기는 지상의 행동이 의아하다. 사숙만으로도 힘이 부치는데 거기에다 복면한 병사가 열이 넘는다. 입에 침이 바짝 마른다.

하려고 하면 실패하고, 잡으려 하면 놓친다[위자패지 집자실지 爲者敗之 執者失之].

도기는 노자가 한 말을 떠올리며 안간힘을 쓴다. 습상이 가소롭게 쳐다본다. 그러고는 죽장을 땅에 내리친다. 그러자 복면을 한 무리가 담혜를 포박해 끌고 온다. 긴박한 상황이지만 도기는 담혜를 보자 반가운 마음이 더 앞선다.

"담혜야!"

도기가 부르는 소리에는 울음기가 섞여 있다. 담혜는 대꾸도 없이 결박을 풀려고 몸부림치지만 그럴수록 더 조여 온다. 습상 역시 노자에게 배운 술법이다. 담혜도 알지만 어떻게든 빠져나오려는 다급한 마음에 무리수를 둔다. 담혜의 얼굴이 벌겋게 달아오른다. 담혜마저 당했다면 1합도 못 겨누고 패할 것 같아 도기는 낙담한다. 서산으로 넘어간 해가 마지막 빛을 더 붉게 내뿜는다. 담혜의 흰 볼이 석양을 받아 홍조를 띤다. 화가 나서 그런지 잘 분간이 가지 않는다.

"밤이 오기 전에 빨리 끝내라!"

습상이 다그친다.

"사숙!"

도기가 외치자 복면한 무리가 공격에 나서려다 일시 멈춘다.

"죽간은 담혜나 지상도 다 가지고 있는데, 왜 더 찾으려 하십니까?"

복면한 무리가 습상의 지시를 기다리며 힐끗 쳐다본다. 습상은 손을 들어 제지한다.

"꾀 많은 토끼는 달아날 구멍을 세 개 준비한다[교토삼굴 狡免三窟]."

노자를 완전히 무시하는 말투이다. 도기가 어리둥절한 눈빛으로 담혜를 쳐다본다.

"저 바보! 으이쿠, 할아버지가 죽간을 셋으로 나눈 거야."

"아하!"

위급한 순간인데도 도기는 천진하게 웃는다. 아무것도 모르는 아기같이 웃음이 해맑다. 노자는 도를 설명할 때 영아(嬰兒)[64]나 적자(赤子)[65]를 자주 비유로 들었다. 어린 아기의 마음이 인간의 본 모습에 가깝다고 자주 강조했다. 어린아이의 마음을 지키면 독충이나 뱀도 물지 않고 맹수도 달려들지 않는다[봉채훼사불석 맹수불거 蜂蠆虺蛇不螫 猛獸不據]고 했다.

인간은 살면서 갖은 욕망에 시달린다. 욕망의 종류는 다양하겠지만 그 내용은 결국 하나이다. 본래 제 것이 아닌 것을 가지려는 탐욕. 탐욕 탓에 인간은 본래 모습과 멀어진다. 탐욕 탓에 전쟁이 일어난다. 노자의 도는 멀리 있지 않다. 전쟁을 막는 길도 지극히 간단하다. 그저 어린아이의 마음을 회복하는 것이다. 그래서 노자는 자신이 말하는 도가 매우 알기 쉽고 행하기도 쉽다[오언심이지 심이행 吾言甚易知 甚易行]고 말한다. 도기는 다른 사람이 보기에는 답답할 정도로 순진했지만, 노자는 그 어린애 같은 순박함을 몹시 아꼈다.

도기가 말을 끝내기 무섭게 습상이 공격 명령을 내린다. 도기는 자기 한계를 어렴풋이 느끼고 있다. 그런데 웬일인지 적이 두렵지 않다. 다른 사람을 아는 것은 지혜이지만, 자기 자신을 아는 것은 밝음[지인자지 자지자명 知人者智 自知者明]이라고 했던가! 자기를 과신하지 않는 것도 도(道)로 향하는 지름길이다. 도기는 적을 담담히 받아들일 태세이다. 습상은 짧은 순간에도 도기의 변화를 읽는다. 표정이 일그러진다. 결박당한 채로 담혜가 외친다.

"함이 없어도 하지 못함이 없다[무위이무불위 無爲而無不爲]!"

도기는 다른 외감(外感)을 죽이고 오로지 귀에만 정신을 집중한다. 적이 사방에서 공격해 온다. 적의 움직임이 마음으로 잡힌다. 날카로운 칼날이 도기를 향해 몰린다. 도기는 칼날을 디딤대 삼아 가볍게 날아올라 적의 목덜미를 가격한다. 순간 하나둘씩 추풍의 낙엽처럼 나가떨어진다.

"오호라!"

담혜는 그 광경을 보고 믿기지 않는 듯 탄성을 지른다. 정작 놀란 것은 오히려 도기였다. 무공이 갑자기 상승한 기분이다. '무위이무불위'는 수없이 연습하지만 쉽게 도달할 수 없는 경지였다. 어쩌면 노자 문파의 최고 경계일지 모른다. 일진이 실패하자 이진이 공격을 준비한다. 저들끼리 신호를 주고받는다. 이번에는 대오를 달리 짜고 공격해 온다. 금방은 원을 그려 도기를 포위해 공격했다면, 이제는 한 명이 앞서고 나머지는 뒤를 따르는 대오로 공격해 온다. 처음에는 직선이었으나 나중에는 살무사처럼 'S'자로 달려든다.

"몸을 뒤로 낮추니 오히려 몸이 앞선다[후기신이신선 後其身而身先]."

이번에도 담혜가 대형을 읽고 역습의 초식을 가르쳐 준다. 도기는 알았다는 듯이 고개를 끄덕인다. 도기는 그들의 흐름을 읽는다. 뱀의 머리를 자르듯 최전방에서 달려드는 자를 먼저 해치운다. 머리를 잃은 대오는 일순 흐트러진다. 넘어지는 자의 어깨를 밟고 공중으로 날아 다음 자의 급소를 공격한다. 차례차례 적을 제압하고 가볍게 착지한다. 들숨과 날숨이 두서 번 지나갈 정도로 순식간에 일어난 일이다.

도기는 스승의 가르침을 더하지도 덜지도 않고 충실히 따랐다. 노자는 "스스로 드러내는 자, 밝지 않다[자현자불명 自見者不明]"고 했다. 공격의 첨봉에 선다는 것은 자신을 과대평가해 자신이 앞장선 것이다. 서슬 퍼런 칼날이 곧 무디어지듯, 앞서 자신을 뽐내는 것은 곧 제어당하기 마련이다. 이것은 하늘 아래 만물이라면 피할 수 없는 섭리이다.

두 차례 공격이 모두 성공하자 도기는 자신감이 생겼다. 한편 자신감이 자만으로 흐르기 시작했다. 습상이 눈짓하자 복면 무리가 모두 뒤로 물러선다. 이제 그들은 도기의 상대가 되지 않는다. 습상이 지상을 바라본다. 눈빛이 무겁다. 예전에는 지상이 도기보다 한 수 위였다. 도기가 요 몇 달 사이 눈부시게 성장했다. 담혜는 이 대결이 자못 흥미롭지만 마음 한구석으로 쓸쓸하다. 자기를 두고 간 지상이 미워 지상이 졌으면 하는 바람도 있지만, 어린 시절을 함께 보낸 골육 같은 사이끼리 다툰다는 것이 못마땅하다.

지상이 잽싸게 앞으로 나온다. 지상은 비급을 온전히 자기에게 전해 주겠다는 습상의 말에 온통 마음이 빼앗겼다. 욕심이 앞섰고, 평소 도기를 한 수 아래라 생각하던 터라 교만한 마음도 있다. 도기는 약간 얻은 자신감이 싹 사라진 것 같다. 연습 대련할 때 지상에게 늘 졌던 기억이 되살아났다. 지상이 선제공격한다.

"가물한 거울을 깨끗이 씻는다[척제현람 滌除玄覽]."

지상은 일부러 초식을 알려 주며 공격한다. 전에 한 번도 방어한 적이 없으니 도기의 기를 꺾기 위한 수작이다. 담혜는 척제현람을 어떻게 격파해야 하는지 안다. 그렇다고 무작정 도기 편만 들 수 없다. 아니 도기 편을 들지 않을 수도 없다. 갈등의 순간은 짧았지만 마치 천 년이 흐른 듯하다.

"기를 오로지 하여 부드러움을 이룬다[전기치유 專氣致柔]."

담혜의 입속에서 나직이 흘러나온다. 도기가 그 소리를 들었는지 두 손을 가슴 높이에서 모으고 기를 내린다. 흐르는 강물 소리에 귀를 집중한다. 불은 오르고 물은 내린다. 기를 내리려면 물의 성질을 빌리는 것이 빠르다. 기를 오로지 하여 물처럼 부드러워지는 것, 그래서 부드러움으로 강함을 꺾는 것이 전기치유 권법이다. 척제현람은 빠르고 강한 권법이다. 마치 푸른 녹이 슨 청동 거울을 닦듯 쉴 새 없이 공격해 들어간다. 두 권법은 물과 불처럼 상극이라 부딪히면 한쪽이 반드시 크게 내상을 입는다. 전기치유라는 절대 초식에 오롯이 오르지 못했다면 도기가 위험하다. 지상의 손이 부채처럼 퍼지면서 도기를 공격한다.

"앗!"

담혜가 외마디 비명을 지른다. 지상의 공격이 예사롭지 않다. 살기가 강하게 풍긴다. 이대로 가다간 둘 중 하나는 내상을 크게 입어 영원히 무공을 잃을지도 모른다. 순간, 설송이 크게 흔들리더니 두

노인이 학처럼 사뿐히 지상과 도기 사이에 내려앉는다. 현덕과 요묘다. 현덕이 우선 지상의 혈을 짚어 공격을 정지시킨다.

"사숙!"

담혜는 반가운 마음에 눈물을 글썽인다. 요묘가 담혜의 결박을 풀어 준다. 담혜가 몸부림칠 때마다 조여 오던 밧줄이 한순간에 풀린다. 요묘가 담혜를 일으켜 세운다. 담혜가 요묘에게 와락 안기면서 울먹인다. 요묘가 담혜의 등을 가볍게 두드린다.

"사숙, 어쩜 그렇게 쉽게 매듭을 푸셨나요?"

담혜는 습상을 흘겨보면서 어리광부리듯 칭얼댄다.

"아주 뛰어난 기술은 마치 서툰 것처럼 보인다[대교약졸 大巧若拙]."

요묘가 담혜를 보며 빙긋이 웃는다. 담혜는 의미를 알겠다는 듯 고개를 끄덕인다. 습상은 이 광경을 음흉한 미소를 띠며 찬찬히 바라보고 있다.

"구만리 같은 아이들 앞길을 막을 작정인가!"

현덕이 습상을 쏘아붙인다.

"흥."

습상은 코웃음 친다. 현덕과 습상은 동문으로 둘도 없는 사이였다. 견해가 엇갈려 균열이 생기자 천길만길 멀어졌다.

"노자의 말씀대로라면 어느 천년에 전쟁을 멈출 수 있겠는가?"

습상은 불쾌한 듯 툭 내뱉는다.

"더디더라도 정도(正道)가 아닌가. 하늘의 이치를 따라야 큰길이 열리네."

현덕은 다독이듯 말한다.

"그럼, 그사이에 죽어가는 백성들은 어쩔 셈인가?"

딱히 틀린 말은 아니다. 노자의 도를 모든 백성이 배울 수도 없고, 탐욕에 눈먼 왕이 배우려 들지도 않을 터이다.

"이 사람 보게. 전쟁을 막고자 더 큰 전쟁을 일으키면 결국 죽어 나가는 것은 백성뿐이네."

습상이 주춤거리자 현덕이 말을 잇는다.

"원한을 덕으로 갚는다[이덕보원 以德報怨]. 노자께서 누차 말씀하지 않으셨는가?"

"부모가 죽고 자식이 죽고 이웃을 죽어 나가는데, 불구대천(不俱戴天)[66]의 원수를 용서하자고? 한가한 소리 하지 말게!"

둘 사이에 한동안 침묵이 흐른다. 어느 말이 옳은지 판단은 누가 할 것인가. 도(道)는 말이 없다. 형상도 없다. 이름도 없다. 그럼 역사가 판단할 것인가? 왕이 결정할 것인가? 아니면 백성이 선택할 것인가? 둘 사이의 논쟁은 여기에서 끝나지 않는다. 황제를 중심으로 전제 권력을 지지하는 세력과 노자가 주장하는 도를 적극적으로 실천하자는 세력으로 양분돼 역사 내내 논쟁을 벌인다. 아직까지도 결말은 나지 않았다.

"사형, 이럴 게 아니라 이 문제는 황산에서 다시 논의하는 것이 좋지 않겠어요?"

요묘가 화해를 청하며 습상에게 다가간다. 습상은 요묘의 손을 거칠게 뿌리친다. 습상은 이미 황산에 대한 기대를 접었다. 노자와 길을 달리하기로 작심했다. 습상은 냉랭한 눈으로 현덕을 노려보며 입을 뗀다. 입술이 파르르 떨린다.

"한 수 양보하리다."

둘의 무공은 용호상박(龍虎相搏)[67], 우열을 가리기 힘든 막상막하(莫上莫下)[68]였다. 만약 요묘까지 가세하면 습상이 불리한 형세였다. 그런데 습상이 선공을 양보한다니 믿는 구석이 있는 모양이다. 사실 습상은 진(秦)나라로 합세하면서 진나라의 비전뿐만 아니라, 진나라가 견융을 병합하면서 노획한 비급까지 전수받았다. 현덕과 요묘는 이미 적수가 아니었다.

현덕이 먼저 공격한다. 1합, 2합, 3합, 공격하는 현덕만 지쳐 간다. 습상은 역시 이미 익힌 권법이라 다음 수를 미리 읽고 있다. 전세가 불리해지자 요묘도 가세한다. 습상을 사이에 두고 좌우 협공이다. 습상은 한 손으로 양쪽 공격을 모두 받아 낸다. 습상의 반격으로 현덕과 요묘는 나가떨어지기 일쑤다. 설송 몇 그루가 부러지고, 월계화는 이미 꽃잎을 모두 떨구었다. 놀란 산새들이 노을을 벗 삼아 멀리 날아갔다.

아이 셋은 사숙의 무공을 넋을 잃고 바라본다. 현덕과 요묘가 수세에 몰려 도기가 덤벼들려 하자 담혜가 손으로 막는다. 어차피 상대가 되지 못한다. 현덕과 요묘는 이미 지친 기색이 역력하다. 담혜는 의아하다. 지금 상황이라면 최후의 일격이 필요하다.

'사람은 땅을 본받고, 땅은 하늘을 본받으며, 하늘을 도를 본받는다. 도는 스스로 그러함을 본받을 뿐이다[인법지 지법천 천법도 도법자연 人法地 地法天 天法道 道法自然]. 도법자연은 절대 무공 필살기라고 말씀하지 않으셨던가!'

현덕과 요묘는 습상의 공격을 받아 바위에 부딪힌다. 바위가 쩍 금이 간다. 외상을 심하게 입었는지 한동안 운신을 못 한다. 담혜가 두 사숙에게 눈짓으로 말을 보낸다. 현덕와 오묘는 동시에 고개를 젓는다. 현덕이 땅을 짚고 간신히 일어선다. 습상에게 고개 숙여 읍한다. 패배를 시인하는 것이다. 습상은 턱을 쳐들고 거들떠보지도 않는다.

잠시 소강한 틈을 타 지상이 도기의 가슴에서 재빨리 죽간을 꺼내 습상에게 건넨다. 사숙들의 결투에 혼이 빠져 주의를 놓친 탓이다. 습상은 비급을 모두 손에 넣는다. 담혜는 울상을 짓고, 요묘와 현덕은 표정이 없고, 도기는 안절부절못한다.

"크하하!"

습상은 입이 찢어질 듯 웃는다. 천하를 얻은 표정이다. 달빛을 받으며 습상과 지상은 어둠 속으로 사라진다. 담혜가 얼른 두 사숙에게 달려들어 안긴다.

"사숙! 왜 마지막 공격을 하지 않으셨어요?"

"글쎄다."

요묘는 묘한 웃음을 지으며 담혜의 머리를 쓰다듬는다.

"글쎄? 이걸로 끝이겠느냐. 화가 복이 되고 복이 화가 되는 것을 저 달이 말해 주지 않더냐."

현덕은 달을 가리킨다. 얼마 전 반달이었던 것이 이제 만월이 되어 가고 있다. 초승달이 보름달이 되고 보름달이 그믐달이 된다. 만물은 그렇게 돌고 돈다.

[61] 회맹(會盟) : 모여서 맹세하는 일.

[62] 약외사린(若畏四隣) : 《도덕경》 15장에 나오는 말로, 보는 눈이 있는 듯이 조심하라는 뜻.

[63] 반신반의(半信半疑) : 반쯤은 믿고 반쯤은 의심한다는 뜻.

[64] 영아(嬰兒) : 젖먹이.

[65] 적자(赤子) : 갓난아이.

[66] 불구대천(不俱戴天) : 같은 하늘 아래 함께할 수 없을 만큼 큰 원한을 품었다는 뜻.

[67] 용호상박(龍虎相搏) : 용과 범이 서로 싸운다는 뜻으로, 강자끼리의 싸움을 일컫는다.

[68] 막상막하(莫上莫下) : 더 낫고 더 못함을 가릴 수 없을 만큼 대등하다는 뜻.

8
—

도가도 비상도
명가명 비상명

道可道 非常道
名可名 非常名

도를 도라 말하면 늘 그러한 도가 아니다

이름을 이름 지으면 늘 그러한 이름이 아니다

돌고 돌아 낙양을 300리 앞두고 스승의 명을 완수하지 못하자 도기는 낙담했다. 괜찮다고 사숙이 위로해도 들리지 않았다. 만약 윤희가 함곡관에 있었더라면 상황이 달라졌을 것이다. 함곡관은 옹도와 낙양 사이에 있다. 도기가 옹도를 떠나 함곡관을 도착했을 때, 윤희는 왕의 부름을 받고 이미 낙양으로 떠난 뒤였다. 담혜는 풀이 죽은 도기를 보고 생긋생긋 웃기만 한다. 담혜도 실패했다. 그래도 웃는다. 도기는 담혜가 얄미워 열기가 머리까지 치밀어 오른다. 요묘가 그 모양새를 살피더니 웃으며 현덕에게 말을 건넨다.

"아무래도 화기(火氣)를 내려 주어야겠어요."

현덕은 도기를 앉혀 기를 다스리는 호흡법을 가르쳐 준다. 들숨은 강하게 날숨은 약하게 하며 날숨에 집중하라고 일러 준다. 그러면서 신장의 수(水) 기운을 올리고 심장의 화(火) 기운을 내리게 도와준다. 이른바 수승화강(水升火降)[69]이라는 도인법이다. 불기운을 올리고 물기운을 내리는 것이 자연의 이치라고 자칫 오해할 수 있다. 근본 이치를 잘못 깨달은 경우이다. 불기운이 하늘로 달아나고 물기운이 땅으로 꺼져 버리면 두 기운이 만나지 못해 기가 순환하지 않는다. 수화(水火)가 만나야 음양이 조화를 이룬다. 도기는 차츰 안정을 찾아간다.

"기분은 좀 어떠냐?"

현덕의 목소리에서 자애로움이 묻어난다. 도기는 고개를 숙이며 눈물 몇 방울을 떨어뜨린다.

"사부가 말씀하지 않으셨느냐. 진정한 강함이 무엇인가를."

"자신을 이기는 것이 진정한 강자라고 했습니다."

"연유는 아느냐."

도기가 고개를 젓는다.

"아직 어려울 테지. 남을 이기는 자는 단지 그 힘뿐이지만, 자신을 이긴다는 것은 자신을 다스릴 줄 알기 때문이다. 자기를 무엇으로 다스리겠는가?"

도기는 멀뚱멀뚱 현덕만 쳐다본다. 현덕은 도기가 기특한 듯 웃는다. 안다고 자만하지 않기 때문이다.

"낙양까지 가려면 길을 알아야 하지 않겠느냐. 길을 잘못 들었다면 바른길을 알아야 제대로 갈 수 있지 않겠느냐!"

"제가 잘못되었다면 도(道)를 알아야 바른길로 들 수 있겠군요."

"그렇다."

"자기를 이긴다는 것은 곧 도를 안다는 것이군요!"

현덕은 흐뭇한 표정으로 도기를 바라보며 고개를 끄덕인다.

"그럼 도는 곧 길인가요?"

"도가 곧 길은 아니지만 길과 가깝다고 할 수 있겠지. 도를 길이라고 하면 오해가 많이 생겨 착각에 빠질 수도 있다."

도기의 얼굴에 생기가 돌아온다. 현덕이 말을 잇는다.

"여기가 끝이 아니다. 너는 아직 가야 할 길이 멀다. 우선 낙양으로 가 윤희 사형을 만나 보아라. 명심해라. 도는 멀리 있지 않다. 몸 가까이 있는데 사람들은 멀리서 찾으려 한다. 그러면 반드시 실패한다. 요묘와 난 황산으로 돌아간다. 우리 일은 여기까지다. 이제 모두 너희 몫이다."

작별 인사를 맺기도 전에 현덕과 요묘는 저만치 사라졌다. 도기와 담혜는 사숙들이 떠난 자리에서 한동안 떠나지 않고 서성거렸다. 한참 후 낙양으로 길을 잡았다.

한편, 비급을 모두 모은 습상은 복우산 계곡 유곡와명(幽谷蛙名)에 자리를 잡았다. 일찍이 노자도 여기에 들린 적이 있다. 노군산(老君山)에서 운해(雲海)를 감상하고 하산하는 길이었다. 취봉을 둘러싼 운해는 천 리 바다처럼 펼쳐져 있었다. 운해 속의 취봉은 돛단배처럼 둥실둥실 떠 있었다. 노자는 장엄한 대자연 앞에서 절로 숙연해졌고, 대자연과 인간의 관계를 깊이 생각했다.

노자가 계곡 가에서 잠시 쉬다가 깜빡 잠이 들었다. 꿈속에서 산신령을 만나 즐겁게 이야기를 나누고 있었다. 그런데 청개구리가 요란하게 울어 대화를 방해했다. 노자는 손가락 하나로 청개구리를 가리켰다. 정(靜)으로 동(動)을 제압한 것이다.

잠시 후 청개구리의 울음이 잦아들더니 화석으로 변하고 말았다. 물론 바위 모양이 청개구리를 닮아 후세 호사가들이 지어 낸 이야기이겠지만, 복우산 운해와 계곡 등이 노자에게 깊은 인상을 남겼음은 틀림없다. 보통 사람이라면 정상의 봉우리만 쳐다보지 계곡을 내려다보지 않는다. '곡신불사(谷神不死)' 같은 심오한 사유가 그냥 탄생하지 않는다. 습상도 노자에게서 복우산 이야기를 들은 적이 있다. 자신도 여기서 무공의 경지를 최고로 끌어 올리고 싶었다.

습상은 죽간 세 묶음을 펼쳐 놓는다. 두루마리를 펼치니 오른쪽 상단에 숫자가 표기되어 있다. 숫자 순서대로 차례로 읽어 내려간다. 읽어 내려가다 어떤 곳에서 멈춰 한참 생각에 잠긴다. 다시 읽는다. 몇 번 반복하다 마침내 끝에 이르렀다. 하늘을 보며 파안대소(破顏大笑)한다.

"하핫, 교활한 늙은이 같으니라고!"

곁에 지상이 있다는 것을 잊은 듯 노자를 향해 욕설을 퍼붓는다. 계곡을 흐르는 물소리가 맑다. 습상에게는 들리지 않는다. 지상은 조심스럽게 운을 뗀다.

"사숙, 무슨 문제라도……."

이제야 습상은 지상을 의식한다.

"노자가 날 마지막까지 속이려 드는구나. 내가 이 죽간을 모두 뺏을 줄 알고 순서를 엉클어 놨어. 이대로 가면 위험해."

습상은 순서를 다시 배열한다. 다섯 번을 더 했다.

"바로 이 순서대로군!"

습상은 바른 조합을 찾았는지 목소리가 들떠 있다. 지상이 다가와 보려고 하자 습상이 밀친다.

"너는 볼 단계가 아니다."

찬 기운이 감돈다. 습상은 곧 주변을 살피더니 동굴을 찾아낸다. 입구는 좁지만 안이 넓어 수련하기 적당하다.

'노자도 여길 거쳐 갔을까?'

습상은 입구를 막으며 혼자 중얼거린다. 지상에게는 아무도 들어오지 못하게 막으라고 지시해 두었다. 습상은 침식을 잊고 수련에 매달렸다. 간혹 지상에게 물이나 솔잎을 보내라고 시켰다. 계곡은 만물을 품고 기른다. 계곡은 열매도 물고기도 기른다. 지상은 계곡 덕택에 허기를 면하고 동굴을 지킬 수 있었다. 한 달포 지났을까. 습상은 이상하게 자꾸 몸이 무거워지는 것을 느낀다. 운기도 자연스럽지 않다. 문리(文理)를 살피면 자신이 조합한 것이 최상이다. 머리가 자꾸 뜨거워진다.

'상기(上氣)[70]. 그럴 리가 없지 않은가?'

기가 역행한 것이다. 머리에 구슬 같은 것이 돋아 성이 나 벌겋다.

'설마!'

습상은 다급히 부싯돌로 쓸 만한 것을 찾아 관솔[71]불을 밝힌다. 누군가 머무르면서 관솔을 쓰고 두었던지 바짝 말라 활활 타오른다. 어둠이 서서히 걷히며 동굴 벽이 모습을 드러낸다. 숯으로 쓴 글자가 선명하게 나타난다. 마치 어린아이가 쓴 것처럼 글씨가 서툴다. 큰 소리는 들리지 않고, 뛰어난 웅변은 어눌하다고 했다. 자세히 들여다 보면 기막힌 필체이다. 속인이 따라올 수 있는 경지가 아니다.

바른말은 반대로 들린다〔정언약반 正言若反〕.

습상은 풀썩 주저앉는다. 얼굴이 형편없이 일그러지면서 고막이 찢어질 듯한 비명을 지른다. 처참한 몰골이다.

"아아아아……."

실성한 것처럼 운다. 습상은 제 꾀에 제가 넘어갔다. 노자가 원래 써 놓은 순서가 맞다. 노자가 잔꾀를 부렸다고 생각한 습상은 제 멋대로 죽간을 조합해 무공을 연마하다가 기가 역행하면서 주화입마(走火入魔)[72]에 빠졌다. 여기까지 노자의 안배였을지 모른다. 이름도 형체도 없는 도를 알게 되면 "문밖을 나가지 않아도 하늘 아래를 알고, 창밖을 내다보지 않아도 하늘의 길을 본다[불출호지천하 불규유견천도 不出戶知天下 不窺牖見天道]"는 말을 무심결에 흘린 적이 있다.

습상은 발광하면서 동굴 벽에다 머리를 마구 찧어 댄다. 피가 발꿈치로 흘러도 멈추지 않는다. 머리로 피를 내 화기(火氣)를 뽑아낼 심산이다. 그것마저 듣지 않는다. 실성한 듯 통곡하다 웃다가 잠이 든다.

비명을 듣고 지상이 입구를 부수고 들어갔을 때 습상은 이미 잠든 뒤였다. 지상은 순간 아찔했다. 상황이 그려졌다. 망부석처럼 미동도 없이 멈춰 섰다. 이루 말할 수 없는 후회가 밀려들었다. 사부 노자도 버렸다. 막 피어오르던 연정도 버렸다. 늘 티격태격했지만 형제같은 도기도 버렸다. 단지 비급을 욕심낸 탓에 모든 것이 무너졌다. 형용할 수 없는 공포가 밀려들었다. 황산으로 돌아갈 수조차 없다.

"불귀난득지화(不貴難得之貨)."

비급을 자신에게만 전해 주겠다는 습상의 말에 현혹돼 욕심이 앞섰다. 욕심이 판단력을 흐려 놓았다. 평소 도기가 아둔하다고 낮춰 보았으나 정작 자신이 어리석었다. 구자에서 한 실수도 되풀이했다. 지상은 넋을 잃고 주저앉는다. 벽에 걸린 관솔불을 내려 습상의 얼굴에 비춘다. 이윽고 습상이 정신을 차리고 앉는다.

"사숙, 어떡해요?"

습상은 희미하게 웃는다.

"네게 비급을 전해 줄 수는 있다."

지상은 고개를 흔든다. 이제 습상을 믿을 수 없다. 사실 습상은 지상에게 죽간 순서를 가르치고 싶은 마음도 없었다. 자기보다 누가 더 고수가 되는 것이 싫었다. 한편 노자가 한 수를 더 보고 어떤 안배를 해 두었을지 몰라 자신도 없었다.

"같이 진(秦)으로 들어가자."

지상이 머뭇거린다.

"천하를 얻을 수 있다."

지상은 노자의 경고를 잊고 솔깃해진다. 욕심이 또 마른 장작이 타듯 타오른다. 노자는 줄곧 말해 왔다.

만족을 모르는 것보다 인간에게 더 큰 화는 없으니, 사사로움을 버리고 욕심을 적게 하라[화막대어부지족 소사과욕 禍莫大於不知足 少私寡欲]!

탐욕은 인간의 눈과 귀를 멀게 한다. 그때 인간은 주체가 물욕에 딸려 가는 객체로 전락한다.

습상은 죽간을 쌓더니만 불태워 버린다. 자신은 어차피 무공을 잃었으니 다른 사람 손에 넘어가는 것을 미연에 막으려 한다. 또 지상이 버리지 못할 미련의 싹을 잘라 버린다. 지상도 더 이상 선택의

도가도 비상도 명가명 비상명

여지가 없다.

그들은 복우산을 나와 함곡관을 거쳐 진(秦)나라로 들어갔다. 습상은 황제를 중심으로 한 중앙집권적 절대 권력에 관해 연구했다. 이런 경향을 훗날 한비자가 더 체계화하고, 진시황이 현실 정치에서 완성했다. 물론 300년 뒤의 일이다.

도기와 담혜는 부쩍 가까워졌다. 지상이 떠난 빈자리가 큰 탓일까? 말없이 한참을 걸어도 어색하지 않다. 때론 의식하지 않은 채 손을 잡는다. 화들짝 놀라며 놓은 적도 있다. 이런 것이 사랑이고 아름다움인가? 탐욕이 들어갈 틈이 없는 순수함 마음.

"사부께서 '천하로써 천하를 본다[이천하관천하 以天下觀天下]'고 하셨는데 무슨 뜻일까?"

저 멀리 낙양성 망루가 보일 무렵 도기가 불쑥 말을 꺼낸다. 눈에는 푸른빛이 감돈다.

"글쎄?"

담혜는 생긋 웃는다. 들판에는 농부가 벼를 베다 잠시 쉬면서 땀을 닦고 있다. 아내인지 아낙은 똬리를 얹고 동이를 이고 간다. 밑으로 처진 줄 한 가닥을 입으로 물고 있다. 남편을 위해 점심을 내어 가는 모양이다. 아내를 보고 남편은 벌떡 일어나 동이를 받아 준다. 그 장면이 한 폭의 풍경화 같다. 풍경 속에 묻혀 풍경과 사람이 구분이 가지 않는다. 순간 도기는 시야에서 그림을 놓친다. 때 묻지 않는 농부는 자연과 섞여 버렸다.

원래 사람은 자연에서 와서 자연으로 간다. 본래 경계가 있던가. 이름은 본래 구분과 경계에서 비로소 생겨난다. 그러나 그것은 진정한 이름이 아니다. 본래 구분이 없었던 것이 구분이 있으면서 생겨났으니 본래 모습이 아닌 것이다. 도란 그런 것, 천하도 나도 그런 것이다. '나'라는 좁은 이름을 허물고 천하에 묻혀야만 천하가 보인다.

"도가도 비상도 명가명 비상명(道可道 非常道 名可名 非常名)."

도기가 하늘로 날아오르며 외친다. 손끝이 태양에 닿을 듯 가볍게 튕겨 오른다.

"뭐야!"

담혜가 신기한 듯 쳐다본다.

"아직은 말하지 않을래. 아는 자 말하지 않는다[지자불언 知者不言], 말하는 자 알지 못한다[언자부지 言者不知]."

도기는 담혜를 뒤로 두고 낙양성을 향해 내달음친다. 담혜도 덩달아 뛰어간다. 성문에 닿자 문지기가 저어한다.[73] 성루에서 누군가 소리친다.

"올려 보내라!"

윤희이다. 며칠 전 윤희는 천문을 관찰하다 혜성이 꼬리를 드리우며 길게 떨어지는 것을 보았다. 혜성은 하늘의 질서가 잠시 무너진 것. 보통 불상(不祥)[74]한 징조이다.

윤희는 두 가지 가능성을 읽었다. 노자가 천화(遷化)[75]하거나 아니면 새 인물이 탄생하거나 둘 중 하나일 거라고 생각했다. 화가 복이고 복이 곧 화라는 노자의 가르침을 떠올리고 동요하지 않았다. 며칠째 성루에 올라 성 너머를 바라보고 있었다. 오늘 아침, 저 멀리서 봄날 아지랑이 같은 기운이 대지에서 힘차게 올라오는 것을 보았다. 윤희는 혼자 중얼거렸다.

'왔구나!'

담혜와 도기가 망루로 오르자 윤희는 벌떡 일어나 아이들 손을 하나씩 잡는다.

"노자께서는 무탈하시지?"

윤희는 연로한 노자가 걱정되어 먼저 안부를 묻는다. 아이들은 아직 상대가 누구인지도 모른다.

"내가 윤희이니라."

"아, 사숙!"

둘이 합창한다. 읍하며 예를 갖춘다. 윤희의 얼굴에 흐뭇한 미소가 번진다.

"도기와 담혜, 역시 노자께서는……."

윤희는 잘 자란 친손자를 보듯 대견스러워한다. 갑자기 도기가 울먹인다.

"사숙, 사부께서 내리신 명을 지킬 수 없게 되었습니다."

"그럴 리가, 그럴 리 없다."

도기는 그간 있었던 자초지종(自初至終)[76]을 설명한다. 윤희는 연신 고개를 끄덕이며 사태를 짐작한다. 말을 끝내고 도기는 결국 울음을 터뜨린다. 담혜가 등을 두드리며 감싸 준다.

"하하하!"

윤희가 통쾌하게 웃는다.

"노자께서 네가 떠나기 전에 무엇을 주시지 않더냐?"

"아뿔싸!"

도기는 허리춤을 더듬는다. 죽간에 신경이 곤두서 잊고 있었다. 노자가 숨은 뜻이 있어 무언가를 주었을 것이라고는 짐작도 못 했다. 차라리 그편이 나을지 모른다. 만약 도기가 의식했더라면 습상도 눈치챘을 것이고, 도기도 짐이 돼 여행길이 더 험난했을 것이다. 도기가 허리끈을 풀어 윤희에게 건넨다. 질 좋은 비단으로 새끼처럼 꼬아 만들었다.

"과연, 노자께서는 수읽기가 깊으시군요!"

윤희는 감탄을 연발한다.

"새끼로 꼰 것도 다 뜻이 있는 거야."

담혜와 도기는 동시에 윤희를 올려다본다.

"도(道)란 어쩌면 이 새끼처럼 꼬여 있는 것이야. 날줄과 씨줄을 엮어 베를 만들 듯, 도도 이렇게 꼬여 있어 만물을 만든 거야. 그래서 드러나지 않고 보이지도 않고 이름도 없는 것이지."

윤희는 새끼를 풀며 조곤조곤 설명한다. 매듭이 풀리자 상경(上經) 한 줄과 하경(下經) 한 줄이 드러난다. 둘을 합치면 한 권의《도덕경》이 된다.

"노자께서 말씀하지 않으셨니. 도는 멀리 있지 않다고. 노자께서는 악한 무리의 마음을 읽고 그들이 어디에 한눈팔지 알고 계셨던 것이지. 도기 너에게 대임을 맡긴 것도 다 이유가 있어. 도기는 너 자신을 살피거라. 그럼 알 수 있다. 자지자명(自知者明)[77]."

담혜는 서운했지만 도기는 마음이 밝아 왔다.

"도기야! 이제부터 시작이야. 어쩌면 네가 할 일이 많다. 신종여시(愼終如始)[78]. 통나무 같은 네 질박함을 지켜 나가야 한다. 황산으로 돌아가지 마라. 나와 갈 곳이 있다. 노자께서도 이미 황산을 폐관했을 것이다. 이전에 말씀하셨다. 나에게 너희를 맡긴다고. 우리가 할 일은 조용히 사부의 도를 세상에 전하는 것이다."

담혜와 도기는 고개를 끄덕인다. 정오의 태양은 찬란하게 빛나고 있다. 이튿날 윤희와 도기, 담혜는 낙양에서 자취를 감추었다. 사람은 사라졌지만, 노자의 도는《도덕경》을 통해 세상에 낮게 흐르고 있다. 마르지 않는 황하처럼 지금도 대륙을 적시고 있다.

한편, 황산으로 길을 재촉하던 현덕과 요묘는 마음 한구석이 불안했다. 물론 사제 경상초(庚桑楚)나 양자거(陽字居)가 사부를 모셔 안위는 걱정이 없었지만, 평소 노자의 말대로면 틀림없이 황산을 비웠으리라는 생각이 들었다.

'공을 세우고 나면 그 자리에 머물지 않는다[공성불거 功成不居].'

거의 쉬지 않고 한걸음에 황산에 다다랐다. 현덕과 요묘는 무공이 꽤 높지만 아직 자신들은 부족하다고 여겼다. 노자에게 더 배우고 싶었다.

절성당에 닿자 그들의 예감이 적중했다는 것을 바로 깨달았다. 인적 없는 공허한 기운이 먼저 감싸 왔기 때문이다. 절성당 현판 아래 비단 한 폭이 걸려 있다. 노자가 마지막 남긴 글이다. 이 글도 또한 윤희가 전한 《도덕경》 속에 실려 있는데, 《도덕경》 중 가장 아름다운 글이라고 후세에서 평가한다.

絶學無憂(절학무우).

배움을 끊어라! 근심이 없을지니.

唯之與阿 相去幾何(유지여아 상거기하).

긍정과 부정이 얼마나 다르겠는가!

善之與惡 相去若何(선지여악 상거약하).

좋음과 싫음이 서로 다른 것이 얼마뇨?

人之所畏 不可不畏(인지소외 불가불외).

사람이 두려워하는 것을

나 또한 두려워하지 않을 수 없으리.

荒兮其未央哉(황혜기미앙재).

황량하도다! 텅 빈 곳에 아무것도 드러나지 않네.

衆人熙熙 如享太牢 如春登臺(중인희희 여향태뢰 여춘등대).

뭇사람들은 희희낙락하여

소를 잡아 큰 잔치를 여는 것 같고,

화사한 봄날에 돈대에 오르는 것 같네.

我獨泊兮其未兆 如嬰兒之未孩(아독박혜기미조 여영아지미해).

나 홀로 멍하구나!

아무것도 드러나지 않아, 아직 웃지 않는 갓난아기 같네.

儽儽兮若無所歸(래래혜약무소귀).

저 높은 곳에 오랫동안 서성거리며

돌아갈 길을 찾지 못하네.

衆人皆有餘 而我獨若遺(중인개유여 이아독약유).

我愚人之心也哉(아우인지심야재).

뭇사람들은 모두 남은 듯한데

왜 나 홀로 이다지도 모자라는가!

내 마음 왜 이리도 어리석단 말인가!

沌沌兮(돈돈혜), 俗人昭昭 我獨昏昏(속인소소 아독혼혼).

막막하다. 세상 사람들은 밝은데 나 홀로 어둡다.

俗人察察 我獨悶悶(속인찰찰 아독민민).

세상 사람들은 모두 똑똑한데 나 홀로 답답하여라.

澹兮其若海 飂兮若無止(담혜기약해 료혜약무지).

바다처럼 춤추고, 거센 바람처럼 멈추지 않는다.

衆人皆有以 而我獨頑似鄙(중인개유이 이아독완사비).

뭇사람들은 쓸모 있는데, 나 홀로 완고해 비천한 것 같네.

我獨異於人 而貴食母(아독이어인 이귀식모).

하나 뭇사람과 달리

나는 뭇 생명을 먹이는 어머니를 귀하게 여기네.

　이후 노자를 본 사람은 아무도 없다. 160살 혹은 200살까지 살다 학을 타고 승천했다는 황당한 소문만 저잣거리에 흘러넘쳤다. 노자는 자연에서 와서 자연으로 돌아갔을 뿐이다.

[69] **수승화강(水升火降)** : 차가운 기운은 올라가게 하고 뜨거운 기운은 내려가게 해야 건강을 유지할 수 있다는 뜻.

[70] **상기(上氣)** : 몸의 기혈(氣血)이 머리 쪽으로 치밀어 오르는 증상. 숨이 차고 두통과 기침 증세가 생긴다.

[71] **관솔** : 송진이 진득진득하게 묻어나는 소나무의 가지나 옹이. 옛날에는 여기에 불을 붙여서 등불처럼 썼다.

[72] **주화입마(走火入魔)** : 기를 잘못 다스리면 몸에 이상이 생긴다는 뜻.

[73] **저어하다** : 염려하거나 두려워하다.

[74] **불상(不祥)** : 상서롭지 못한 것, 즉 복되고 길하지 못한 것.

[75] **천화(遷化)** : 이 세상의 교화를 마치고 다른 세상의 교화로 옮긴다는 뜻으로, 고승(高僧) 등의 죽음을 이르는 말.

[76] **자초지종(自初至終)** : 처음부터 끝까지의 과정.

[77] **자지자명(自知者明)** : 《도덕경》 33장에 나오는 말로, 자기 자신을 아는 사람은 총명한 사람이라는 뜻.

[78] **신종여시(愼終如始)** : 《도덕경》 6장에 나오는 말로, 일의 마지막에도 처음과 같이 신중해야 한다는 뜻.

9

부도조이
不道早已

길이 아니면 일찍 끝날 뿐이다

노자가 윤희에게 어렵게 《도덕경》을 보낸 나름의 이유가 있다. 악한 무리가 제멋대로 읽는다면 중원에 전쟁의 피바람이 더 거세게 몰아칠 것이다. 노자는 《도덕경》에서 "도가 만물을 주재하는 원리이지만[사만물지종 似萬物之宗] 만물을 지배하지 않는다[만물작언이불사생이불유 萬物作焉而不辭生而不有]"는 것을 누차 강조했다. 또 도를 존재의 위계에서, 제일 윗자리에서 만물을 짓고 명령하는 창조자와 같다고 오해하는 것도 경계했다.

나아가 도는 이름도 형상도 없어서 그것을 형용할 마땅한 표현이 없어, 어떤 것과 '비슷하다(似)' 하거나 '가깝다(幾)' 또는 '이름을 붙일 수 없어 억지로 이름을 짓는다(强謂之)'와 같은 표현을 자주 썼다. 우주 밖에서 만물을 짓고 통제하는 것이 아니라, 우주 안에서 만물과 함께하면서 만물을 이롭게 하는 것이다.

세상은 《도덕경》을 노자의 의도와 달리 읽었다. 세상은 도를 분명한 실체가 있으면서 만물을 지배하는 것으로 곡해했다. 이를 실제 정치에 적용하고자 했다. 현실에서는 도(道)가 왕(王)으로 둔갑한다. 이들은 창조주가 피조물을 지배하듯, 왕이 윗자리에서 백성을 다스리면서 이끌고 가는 제도를 마련한다. 왕이 정점에서 모든 백성을 아우르는 절대 황권이 이렇게 탄생한다. 도는 절대 그렇지 않다. 낮은 곳에 처하면서 만물을 기르고 이롭게 하며, 다른 것보다 앞서지도 않는다. 노자는 그래서 늘 물을 상찬한다. 상선약수(上善若水).

습상이 양왕을 처음 만났을 때 세상의 오해와 같은 유세를 펼쳤다. 양왕은 모든 백성 위에 군림하는 왕이 되어야 천하를 얻을 수 있다는 말에 습상의 제안을 덥석 받아들였다. 정치 제도와 사회 문화를 군대식으로 개편했다.

하나의 명령에만 복종하는 조직은 겉보기에는 효율적이다. 그러나 도가 아닌 인위적인 것은 오래가지 못한다. 까치발 하면 오래 서 있지 못하고[기자불립 企者不立], 회오리바람은 한나절을 넘기지 못한다[표풍부종조 飄風不終朝]는 것과 이치가 같다. 사람은 저마다 색깔이 있고 저마다 성정이 있다. 이를 획일화하려 든다면 채찍을 동반한 강압과 폭력밖에 없다.

어진 백성은 처음에는 순종한다. 시간이 흐르면 상처가 곪고 억압을 견딜 수 없어 항거하게 된다. 도가 본래 그런 모습이 아니듯 인간도 원래 그렇게 태어나지 않아서이다. 결국 화살은 만든 자에게로 되돌아간다. 습상이 비명횡사(非命橫死)한 것도 우연이 아니다. 습상이 생각한 대로 양왕은 움직이지 않았다. 처음에는 습상이 양왕을 조종했지만, 권력이 집중되자 습상은 되려 양왕의 눈치를 살펴야 했다.

어느 날 전승을 축하하는 연회에서 왕은 거나하게 취했다. 술을 따르는데 습상이 술잔을 놓쳤다. 왕은 자신을 모욕한다며 즉시 습상의 목을 베라고 했다. 습상은 호위병에게 끌려가면서 살려 달라 애원했지만, 왕은 싸늘하게 웃기만 했다. 습상은 형장의 이슬로 사라졌지만, 뿌린 씨앗은 인간의 탐욕과 함께 진나라에서 계속 자라났다.

습상의 견강부회(牽强附會)[79]가 더 구체화된 것은 진(秦) 효공(孝公) 때이다. 효공은 선조인 목공처럼 중원의 패권을 잡고 싶은 욕심이 강했다. 그래서 출신 성분을 가리지 않고 인재를 긁어모았다. 그 중에 위(衛)나라 출신인 상앙이라는 인물이 끼어 있었다. 상앙은 어려서부터 형명(刑名之學)을 좋아했다. 위(魏)나라가 재상 공숙좌를 섬겼지만 뜻을 펼치지 못하고 진(秦)으로 망명했다. 상앙은 경감을 통해 효공을 두 번 만났지만 효공이 탐탁지 않게 여겼다. 경감은 인물을 잘못 추천했다며 질책을 받았다.

상앙은 한 번 더 경감을 졸라 유세의 기회를 잡았다. 상앙은 춘추오패(春秋五霸)[80]가 어떻게 천하의 강자가 되었는지 설명했다. 비로소 효공은 구미가 당겼다. 상앙의 말솜씨에 현혹돼 자리에서 미끄러지는 것도 모를 정도였다.

효공은 상앙을 등용하고 정치를 일임했다. 상앙은 곧 변법(變法)

[81]에 착수했다. 개혁은 귀족의 권력을 억제하고 왕이 직접 통제할 수 있는 관료에게 힘을 실어 주면서 백성을 엄격히 통제하는 법안을 만든 것이었다. 곧 상앙이 변법을 시행하면서 왕은 절대 권력을 갖게 되었다. 권력을 잃은 귀족은 반발이 심했지만, 법령의 서슬 퍼런 칼날 앞에 모두 숨죽여야 했다. 백성은 연좌제에 묶여 서로를 감시했고, 만약 조금이라도 법을 어기면 허리가 베이는 등 잔인한 형벌을 받았다. 신분에 따라 예식과 복식을 달리해 엄격한 계급 사회를 만들었다.

군공이 있으면 상을 주고 계급을 올려 준다고 했지만 이는 허울뿐인 구호였다. 상보다 늘 벌이 더 많았다. 상앙은 이 법을 왕을 제외한 모든 백성에게 적용했다.

하루는 태자가 법을 어겼다. 법률에 따르면 태자도 경형(黥刑)[82]을 받아야 하지만, 다음 왕위를 받아야 하므로 태자를 직접 처벌할 수 없어 태자의 사부들이 형벌을 받았다. 태자는 자신이 직접 형벌을 받은 것처럼 모욕을 느꼈다. 복수의 씨앗이 가슴속에서 자라기 시작했다.

나라 전체가 병영화되자 진나라는 전쟁에서 힘을 내기 시작했다. 그때 진(晉)나라는 동쪽의 강자였던 제나라를 격파하고 문공(文公) 때와 같이 패자로 부상했다. 진(秦)은 중원을 호령하려면 반드시 진(晉)을 꺾어야 했고, 진(晉)은 등 뒤에서 창칼의 날을 세우고 있는 진(秦)을 제압해야만 편히 잠들 수 있었다. 둘의 결전은 언제 터질지 모르는 불발탄처럼 시간문제였다.

효공은 상앙에게 진(晉)으로 출격을 명했다. 상앙은 간계를 써 적장 앙(卬)을 생포하고 대승을 거두었다. 효공은 상앙에게 읍 15개를 봉지로 하사하고 상군(商君)이라 불렀다.

상군이 재상이 된 지 10년쯤 되자 귀족과 백성의 원망이 날로 높아만 갔다. 귀족은 하급 관리보다 실권이 없어 불만이었다. 백성은 가혹한 법 탓에 가족과 친구를 잃고 곡식 알갱이까지 세 빼앗아 가는 세금 때문에 더 가난해지자 상군을 원수보다 더 미워했다.

위협을 느낀 상앙은 현자 조량(趙良)을 찾아가 자문을 구했다. 조량은 처음에는 거절했다. 자신은 그럴 만한 지위에 있지 않다는 것이 이유였다. 상앙이 거듭 간청하자 조량은 마지못해 입을 열었다.

"《서경》에 '덕을 의지하면 번창하고, 힘을 의지하면 망한다[시덕자창 시력자망 恃德者昌 恃力者亡]'고 했습니다. 당신은 지금 공을 세웠는데도 물러나지 않고 더 높이 오르려고만 안간힘을 쓰고 있습니다. 공을 세우려 권력으로 다른 이들을 핍박하니 나라 안팎으로 원성이 하늘을 찌를 듯합니다. 마치 아침 이슬처럼 위태롭습니다. 올라가면 반드시 내려오는 것이 세상 이치입니다. 지금이라도 늦지 않았습니다. 왕께서 내린 읍을 돌려주시고 고향으로 돌아가 농사지으며 여생을 보내십시오."

상앙은 이 말을 듣지 않았다. 아니 들리지 않았다. 이로부터 다섯

달 뒤, 효공이 죽고 태자가 즉위했다. 왕위에 오르자마자 태자는 상앙을 잡아 원수를 갚고 싶었다. 상앙은 곧바로 달아났다. 함곡관 근처에 이르자 날이 어두워졌다. 상앙은 객사를 찾아들었다. 주인은 상앙인지 모르고 말했다.

"상군 법에 따르면 신분증이 없는 손님을 재우면 저 역시 처벌받습니다."

상앙은 하는 수 없이 객사를 빠져나왔다. 하늘을 향해 울부짖으며 탄식했다.

"내가 만든 법에 내가 빠졌구나!"

이후 상앙은 국외 여러 나라를 떠돌다 몰래 상읍으로 돌아와, 옛날부터 자신을 따르던 무리를 규합해 정나라를 침략했다. 이 소식을 듣고 혜왕은 군대를 정나라에 보내 면지에서 상군을 잡아 거열형에 처했다. 상군은 고깃덩어리처럼 찢겨 나갔다.

"상앙처럼 모반(謀反)[83]하지 마라!"

혜왕은 상앙 일족을 멸하면서 백성을 향해 경고했다. 절대 권력의 악용을 습상도 상앙도 피해 가지 못했다. 노자의 길은 이와 정반대이다.

상앙은 비록 천수를 누리지 못하고 일찍 사라졌지만, 그가 만든 악법은 남아 진나라를 통치하는 근간이 되었다. 아이가 새로 태어나면 옛 법을 모르고 신법(新法)이 전부인 줄 안다. 태어나 마주친 세상이 그것뿐이다. 이제 진나라 백성은 대물림하며 왕의 명령에 복종하는 전쟁 기계가 되어 갔다. 적병 또한 사람이며 다른 이에게는 귀한 자식이지만, 눈 하나 깜짝하지 않고 목을 베었다. 전장에는 시체가 산을 이루고, 핏물에 방패가 떠다녔다. 전국 말기에 이르러 전쟁은 더 격렬해졌다.

춘추 시대에 100여 개 있던 나라가 이제 진(秦), 한(韓), 위(魏), 조(曹), 연(燕), 제(齊), 초(楚) 7개국만 남았다. 상앙이 변법을 시행한 이래 진(秦)이 제일 강국이었다. 철을 다루는 기술이 뛰어나 칼과 창, 극(戟)[84]이 녹슬지 않고 단단했다. 쇠뇌[85]는 다른 나라의 화살보다 멀리 날아가면서 목표물에 정확하게 떨어졌다. 수레 크기를 규격화해 고장이 나면 즉시 부품을 교체할 수 있었다. 서역에서 들여온 말은 하루 천 리를 달려도 지치지 않았다. 병사들은 장기판의 말처럼 장군의 지시대로 움직였다. 전쟁을 위해 국력을 집중한 결과였다.

6개국은 합종연횡(合縱連衡)[86]을 펼치며 진에 대항했다. 진은 원교근공(遠交近攻)[87] 전략으로 연합국의 계책을 무너뜨렸다. 연합이 무너지자 진의 보복은 잔인했다. 장군 백기(白起)는 이궐(伊闕) 전투에서 포로 24만 명의 목을 베었다. 이후 백기는 위(魏)나라를 공격해 승상 망묘를 꺾고 포로 13만 명의 목을 도끼로 쳤다. 도끼날이 무뎌지면 나무 방망이로 척살했다. 백기는 이 공로로 무안군(武安君)이라는 칭호를 받게 되었다.

무안군 백기는 이제 조나라를 공격했다. 조나라의 애송이 장군 조괄은 애초부터 백기의 적수가 되지 못했다. 백기는 진(晉)의 보급로를 차단하고 포위망을 쳤다. 46일을 굶주린 조괄은 정예병을 끌고 포위망을 탈출하려다 적의 창칼을 피하지 못하고 황천의 객이 되었다.

적장이 죽자 진나라 병사들이 시체 주변으로 벌떼처럼 모여들었다. 적장의 목이라면 승진과 포상이 주어졌기 때문이다. 결국 아무도 목을 건지지 못했다. 찢어진 살점만 손에 쥐었다. 장수가 죽자 조나라 병사 40만은 투항했다. 백기는 군량이 부족하고 보복할지 모른다는 이유로 이들 모두를 생매장했다. 포로들은 제 손으로 판 구덩이에서 이승과 하직했다. 처음에는 살려 달라 애원했지만 나중에는 그 소리마저 사라졌다. 자비는 없었다.

전공이 높아지자 백기의 지위는 덩달아 올라갔다. 주변에서 시기하는 무리도 늘어갔다. 백기도 공을 세우고 물러나지 않고 교만해졌다. 왕이 출병 명령을 내려도 병을 핑계로 듣지 않았다. 백기가 빠진 진나라 군대는 연일 패퇴를 거듭했다. 왕이 거듭 명령을 재촉해도 백기는 움직이지 않았다. 화가 난 왕은 장군 직위를 뺏고 사졸로 강등시켰다. 백기가 불만을 품자 이 소문이 왕의 귀에 들어갔다. 악담은 빨리 퍼진다. 왕은 백기에게 아무 말 없이 단도를 보냈다. 검을 받고 백기는 한탄했다.

"하늘에 무슨 죄를 지어 이 지경에 이르렀는가."

한동안 침묵이 흘렀다.

"장평 전투에서 조나라 병사 40만을 생매장했으니 내가 죽지 않으면 누가 죽어야겠는가!"

스스로 목을 찔러 백기는 생을 마감했다. 전장에서 무수히 죽어나간 원혼이 백기의 목숨을 앗아갔다는 소문이 중원에 파다했다.

진시황이 왕위에 올랐을 때 진시황은 솜털이 가시지 않은 열세 살이었다. 이때 이사(李斯)는 30대 초반으로, 왕의 생부라는 풍문이 떠도는 여불위(呂不韋) 휘하 식객이었다. 이사는 순자 밑에서 한비자와 함께 형명학(形名學)[88]을 공부했다. 당대 학자로서 중원에 명성이 자자했던 순자는 '성악론(性惡論)'을 주장해 일대 파란을 일으켰다. 그 이전 어느 누구도 이런 과감한 주장을 하지 않았다.

성악론이란 "인간은 본래 이기적 존재로, 타고난 본성이 악하다"는 것이다. 사회 혼란은 이 악에서 비롯된다. 악한 인간 본성을 외적 제재인 '예'를 통해 교정해야 한다는 것이 순자 생각의 핵심이다. 이 역시 노자와 생각의 결이 다르다. 노자에게 인간은 이미 규정된 존재가 아니라, 스스로 규정해 나가야 할 가능성이 무한한 존재이다. 인간은 도(道)로 다가갈 수 있다. 성인의 경지에 오르면 도와 하나가 될 수 있다. 그러나 순자에게는 그런 자율성이 없고, 인간은 오로지 타율적 규제로 다시 태어나야 할 존재이다. 이런 사상을 실무에 적용한 것이 이사였고, 철학적으로 계승한 것이 한비자였다.

진시황은 등극하자마자 제 무덤을 짓기 시작했다. 먼저 한나라에서 망명한 정국(鄭國)을 시켜, 물길을 바꿔 황릉(皇陵)이 들어설 자리를 만들었다. 또 세금을 빨리 징수하려고 운하를 팠다. 경수에서 낙수(洛水)까지 300리가 넘는 대공사였다. 진시황이 천하를 통일하고 순행을 나섰는데, 구원(九原)에서 감천(甘泉)까지 직도(直道) 1800리를 놓았다. 나중에 북적(北狄)의 침입을 막으려 임조(臨洮)에서 요동(遼東)까지 장성을 만들었다.

이 모든 공사에 백성이 동원되었다. 당시 중국 전역의 인구가 2000만이 채 되지 않았을 때인데 100만 이상이 동원되었다. 노인과 부녀자, 징집당한 장정을 제외하고 거의 모든 사내가 노역으로 징발되었다. 추위와 굶주림에 시달렸고 채찍으로 피멍이 가실 날이 없었다. 심지어 진시황릉이 완성되자 공사에 동원된 모든 인부가 무덤 안에 생매장당했다. 오직 한 사람, 황제를 위하여 백성은 죽음으로 내몰렸다. 이 모든 일을 정국이 지휘 감독했다.

정국은 한나라에서 진나라의 국력을 소모하게 하려고 잠입한 첩자였다. 진나라 출신이 아닌 이방인이 실권을 쥐자 귀족과 옛 관료의 불만이 고조되었다. 타국인을 추방해야 한다고 연일 상소를 올렸다. 이사는 간축객서(諫逐客書)[89]로 이들을 무마시켰다. 타국 출신이 얼마나 진나라를 이롭게 했던가를 지적하면서 "큰 바다 작은 물줄기를 마다하지 않듯[대해불기세류 大海不棄細流]"인재를 가리지 말고 받아들여야 한다는 글이었다. 절실한 명문이었다. 진시황은 마음이 움직였다. 이사의 직위는 점점 더 높아 갔다.

이사가 진나라에서 승승장구(乘勝長驅)[90]할 때 한비자의 조국 한나라는 진나라의 침략으로 운명이 풍전등화(風前燈火)[91] 같았다. 한비자는 왕족 출신이고 총명했다. 미천한 신분인 이사는 한비자의 재주를 질투했다. 스승 순자도 이사보다 한비자를 총애했다. 이사는 정권을 잡자 곧바로 한나라를 침공했다. 한비자가 조국을 구하고자 진나라로 사신 올 것을 계산에 넣었다. 한비자가 지은 글은 이미 중원에서 인기가 좋았다. 진시황도 읽어 보고 무릎을 치면서 꼭 만나 보고 싶어 했다.

한비자는 순자 문하를 떠나 주나라를 여행하면서 노자의 도를 들었다.[92] 도가 드러나지 않고 이름이 없듯[도은무명 道隱無名] 노자의 진의를 제대로 깨친 사람은 세상에 나오지 않고 세상을 이롭게 한다. 도는 만물을 낳고 기르지만, 가지려 하지 않고 잔소리도 하지 않는다. 그런데 노자를 오해한 무리들은 세상을 이끌려 하고 차지하려 하며, 백성을 가르치려 하고 지배하려 든다.

한비자는 무명대사에게 받은 《도덕경》을 자기 관점에서만 읽었다. 한비자 역시 순자의 학설대로 인간 본성을 악하다고 보았다. 순자는 이 악을 성인이나 선왕이 만든 '예악(禮樂)'으로 교화해야 한다고 보았다. 그래서 순자는 교육과 배움을 중시했다.

한비자는 달랐다. 순자 같은 유약한 방법으로 악을 순화시킬 수 없다고 보았다. 더 강력한 제재가 필요하다고 생각했다. 그래서 고안한 것이 바로 '법(法)'이다. 법을 어기면 잔인한 형벌을 내렸다. 다만 황제는 치외법권(治外法權)[93]이다. 한비자는 노자의 도(道) 자리에 황제를 위치시켰다. 이것은 명백한 오해이고 왜곡이다. 노자의 도는 절대 그런 존재적 위상을 갖지 않는다. 한비자는 도가 만물을 지배하듯 황제도 천하를 지배해야 한다고 생각했다. 이는 노자의 생각과 전혀 다를 뿐 아니라, 노자는 오히려 그렇게 읽힐까 봐 조심하고 경계했다.

한비자가 주장한 강제적 법령과 황제의 절대 권력은 진시황의 눈에 들었다. 한비자의 철학이 진시황을 움직인 것이 아니라, 진시황이 자기 생각과 일치하는 한비자가 마음에 들었던 것이다. 진시황은 조국을 구하러 달려온 한비자를 만나 보고 실망했다. 한비자는 언청이에다 말까지 더듬었다. 책을 읽으며 상상한 것과 달랐다. 이사가 부추겼다.

"한비자는 한나라의 공자(公子)입니다. 한나라를 위해 일하지 결코 진나라를 위해 대왕을 섬기지 않을 것입니다. 차라리 법대로 처형하시어 후환을 없애는 것이 좋습니다."

진시황은 한비자에게 마음이 떠난지라 이사의 말을 따랐다. 옥리(獄吏)[94]에게 넘겨 한비자를 처리하게 했다. 이사는 사람을 시켜 사약을 보냈다. 한비자는 거절했다. 직접 왕에게 억울함을 하소연하고 싶다고 간청했다. 옥리는 그런 법이 없다고 허락하지 않았다. 한비자는 차가운 감옥 안에서 서서히 죽어 갔다. 아무도 돌보는 사람이 없었다. 진시황은 한비자의 글을 밤늦도록 뒤적이다 생각이 나서 한비자를 찾았다. 이미 그의 시신은 싸늘히 식어 있었다. 노자는 늘 말했다.

"도가 아니면 일찍 끝날 뿐이다[부도조이 不道루己]."

기원전 221년, 38세의 젊은 진나라 왕 영정(嬴政)은 왕분(王賁)에게 제나라 출정을 명했다. 왕위에 오른 지 26년, 제나라 전건(田建)만 제압하면 이제 천하 통일이었다. 대군이 떠나기 전날 영정은 잠을 설쳤다. 재위에 오르면서 하루도 빠지지 않고 죽간 120근을 읽었다. 사방에 목숨을 위협하는 대신들의 눈초리가 살벌했다. 나이가 들어가면서 하나하나씩 대신들의 목을 날렸다. 아버지 같은 승상 여불위의 목숨을 앗았고, 어머니 제태후도 감금했다. 이제 곧 역사상 아무도 오르지 못한 자리에 오를 것이다.

왕분은 명장 왕전(王翦)의 아들이다. 아비는 유능했지만 욕심이 많았다. 아들은 부유한 집안에서 자랐는지 재물을 탐하지 않았다. 적의 병력은 적고 나약하다. 왕분은 곧 승전보를 알려 올 것이다. 그렇다면 천하를 어떻게 다스려야 하는가?

천하를 통일하자 진왕은 제일 먼저 호칭을 바꾸었다. 삼황오제(三皇五帝)에서 한 글자씩 따서 자신을 '황제(皇帝)'라고 부르라 명했다. 다음으로 법조문을 더 촘촘히 고쳤다. 물 샐 틈 없이 자신의 천하를 관리하고 싶었다. 그리고 모든 것을 통일하라고 명령했다. 이사를 비롯한 신하들은 통일 이전보다 더 바빴다. 문자를 소전(小篆)[95]으로 통일하고, 도량형 규정을 만들고, 수레의 폭도 똑같이 만들었다. 신분과 직위에 따른 복식과 예법도 제정했다.

진시황은 자신을 중심으로 모든 것을 획일적으로 움직이려 장치를 고안했다. 전국을 36개 군현으로 재편해 관리를 직접 파견했다. 주나라가 봉건제 탓에 망한 것을 똑똑히 보았기 때문이다. 아방궁을 짓고, 직도(直道)를 닦았으며, 만리장성을 축조했다. 이를 통해 황제의 위엄을 과시하고 싶었다. 유생들이 반대하자 생매장해 버리고 책을 불태웠다. 훗날 역사에서 권력의 횡포와 언론 탄압의 전형으로 불리는 분서갱유(焚書坑儒)[96]이다.

황제는 명령했고 이사는 집행했다. 천하 백성들은 모두 쥐 죽은 듯 고요했다. 사방에 감시의 눈초리가 있는 한 섣불리 행동할 수 없었다. 몇몇 모반이 일어났지만 이내 진압되었고, 주동자는 구족(九族)을 멸하고 살던 곳은 우물을 파 버렸다. 백성들은 변방으로 이주시켜 버렸다.

진시황의 통일로 중원에 잠시나마 평화가 찾아들었다. 주나라 천도 이후 거의 500년 만의 사건이었다. 그러나 백성의 삶은 더 나아지지 않았다. 전쟁보다도 더 고통스러웠다. 귀족도 황제도 마찬가지였다. 이사는 황제의 명령을 쫓느라 한시도 쉴 틈이 없었고, 황제도 천하를 관리하느라 밤잠을 설쳤다.

진시황은 재위 37년 절반을 궁궐이 아닌 밖에서 보냈다. 과로 탓에 몸이 점점 허약해졌다. 불로초를 구하겠다는 망상도 이때 생겼다. 그러나 황제일지언정 대자연의 순리를 어떻게 거스르겠는가! 영원할 것 같던 그에게도 죽음이 찾아왔다. 천하를 순행하는 길이었다. 도를 따르지 않았으니 이른 죽음이요, 객사라는 불행한 죽음이다. 노자의 전언과 한 치도 어긋나지 않는다. 도와 어긋나면 반드시 그 대가가 따른다. 시체마저 며칠째 수레에서 썩고 있었다.

죽음을 앞두고 황제는 장자에게 수도 함양으로 돌아와 장례를 주관하라는 유언을 남겼다. 장남 부소(扶蘇)는 아버지에게 직언하다 변방으로 쫓겨났다. 환관 조고는 권력을 잡을 기회를 놓치지 않았다. 승상 이사와 음모를 꾸미며 황제의 죽음을 알리지 않고 유서를 위조했다. 자신이 가르쳤던 황태자 호해(胡亥)를 황위에 앉혀야 권력을 농단할 수 있다고 보았다. 부소는 유서가 의심스러웠지만 아버지의 명을 거역할 수 없다며 자결했다.

아비가 객사하고 형이 자결해도 황위에 오른 호해는 웃었다. 등극을 못마땅하게 여기는 형제들이 거슬렸다. 조고가 부추겼다.

"신이 전부터 아뢰려 했으나 감히 말씀드리지 못했습니다. 대신 중에 폐하를 진심으로 받들지 않는 무리가 있고, 여러 공자들도 폐하께서 황위에 오르신 것이 순리가 아니라 여기는 것 같습니다. 이들을 색출해 처벌하시어 천하의 위엄을 세우셔야 합니다. 지금은 문치(文治)의 시대가 아니라 무력으로 결판내야 할 때입니다."

2세 황제는 형제들을 무참히 도륙했다. 공자 장려(將閭)는 죄가 없다고 항변했지만 받아들여지지 않자 자살을 선택했다. 조고는 이 기회에 정적인 이사를 제거하려 했다. 이사가 없는 어린 황제는 제 손아귀에 있는 것이나 마찬가지였다. 조고는 간계를 꾸몄다. 황제와 군신 사이를 떨어뜨릴 필요가 있었다. 2세에게 속삭였다.

"천자께서는 짐(朕)이라고 자칭하십니다. 군신들이 천자의 목소리만 들을 수 있고 용안을 뵐 수 없어야 천자의 위엄을 세울 수 있습니다. 또 폐하께서는 아직 연소하시어 모든 일에 능통하실 수 없으니, 자칫 대신들에게 단점을 보여 위엄이 떨어질 수도 있습니다. 폐하께서 아무 일도 하지 않고 금중(禁中)[97]에 옥체를 숨기시고 계시면, 소신과 시중(侍中) 이사가 모든 일을 처리하고 보고하겠습니다."

2세 황제는 조고의 말을 따랐다. 조고를 제외하고는 아무도 황제를 만날 수 없자 조고가 전권을 잡았다. 이사가 불만이 많다는 첩보를 접하자 조고는 이사를 불렀다.

"지금 관동에 역도들이 날뛰고 있는데, 폐하께서는 아방궁을 짓는 데만 신경을 쓰고 계십니다. 제가 아뢰어야 하나 신분이 미천한지라…… 시중께서 진언을 올리셔야 할 것 같습니다."

자신을 추켜세워 주자 이사는 덥석 미끼를 물었다. 감천궁으로 황제를 알현하러 갔다. 마침 황제는 연회를 열고 주색잡기에 빠져 있었다. 이사가 찾아갔을 때 이미 인사불성이었다. 같은 일이 세 번 반복되자 황제는 짜증을 냈다. 이 기회를 틈타 조고는 이사가 역모를 꾸민다고 일러바쳤다. 이사는 아들과 함께 즉각 체포되어 옥리에게 넘겨졌다. 조고가 직접 심문을 맡았다. 지독한 고문을 천여 번 이상 한 뒤였다. 이사는 역모를 부인하다 고문을 이기지 못해 결국 거짓 자백을 하고 말았다. 이사를 요참(腰斬)[98]하라는 판결이 떨어졌다. 이사는 고향으로 돌아가 사냥하고 싶다고 간청했지만, 조고는 눈을 감고 돌아서 버렸다. 이사의 시체는 저잣거리에 효시(梟示)[99]되었지만 아무도 시체를 수습하지 않아 까마귀밥이 되었다.

이사마저 사라진 궁궐은 조고가 전횡(專橫)[100]했다. 조고는 더 높은 자리에 오르고 싶었다. 혹 따르지 않는 무리가 있을까 지록위마(指鹿爲馬)[101]라는 억지 횡포를 부렸다. 목숨을 잃을까 두려운 신하들은 아무도 진실을 말하지 않았다. 이제 황제는 허수아비였고 조고가 대권을 잡았다.

폭정이 길어지고 중앙 정부가 혼란에 빠지자 각지에서 반란이 일어났다. 먼저 진승(陳勝)이 옛 초나라 땅을 근거로 장초(張楚)라는 나라를 세우고 스스로 왕위에 올랐다. 무신(武臣)은 조왕(趙王)이 되었고, 위구(魏咎)는 위왕(魏王)이 되었으며, 항우(項羽)가 패현(沛縣)에서 군사를 일으키고 반란에 가담했다.

조고는 반란을 진압할 방안이 없었다. 그래서 황제를 바꾸어 민심을 수습하고자 했다. 조고는 반란군이 궁궐에 잠입했다는 명분으로, 군사를 이끌고 황제가 머문 망이궁을 습격했다. 그제야 사태를 파악한 황제는 시중들던 환관을 질책했다. 환관은 파르르 떨며 대답했다.

"신이 감히 아뢰지 않았기에 지금까지 목숨을 부지했던 것입니다. 만약 일찍 고했더라면 벌써 주살당했을 것입니다."

조고의 부하가 황제를 사로잡았다. 황제는 승상 조고를 만나고 싶다고 했다. 조고의 부하는 일언지하에 거절했다. 황제는 황위를 버리고 평범한 백성으로 살고 싶다고 애원했다. 미관말직 신하 앞에서 눈물을 흘렸다. 이마저 거절당했다. 결국 2세 황제는 스스로 목숨을 끊었다.

조고는 호해 형의 아들인 자영(子嬰)을 3세 황제로 옹립했다. 조고는 자영에게 묘현에서 옥새를 인수하도록 했다. 자영은 닷새 동안 움직이지 않다가 드디어 두 아들에게 입을 열었다.

"조고는 2세 황제를 시해하고 군신들이 자기를 죽일까 두려워 나를 세우려 한다. 조고는 초나라 항우와 맹약을 맺고 진나라 종실을 멸하고 관중 왕이 되려고 한다고 들었다. 나에게 종묘에서 옥새를 인수하라는 것을 보니 나를 종묘에서 죽일 계략인가 보다. 내가 병을 핑계 삼아 가지 않으면 조고가 반드시 내 처소로 올 것이다. 그때 너희가 조고를 주살하여라!"

자영이 나오지 않자 조고는 거듭 사람을 보내 재계하고 옥새를 인수하라고 성화를 부렸다. 그래도 자영은 꿈쩍하지 않았다. 조고가 직접 재궁(齋宮)으로 찾아왔다. 매복하던 군사가 조고를 척살하였다. 자영은 조고 삼족을 함양에서 처형해 백성들에게 본보기로 보였다.

자영이 등극한 지 46일째 되던 날, 항우가 진군(秦軍)을 격파하고 무관으로 진입한다며 자영에게 투항하라고 사람을 보냈다. 자영은 수대(綬帶)[102]를 목에 걸고 천자의 옥새와 부절을 받들고 항복했다. 항우는 처음에는 관용을 베풀었다. 하지만 보름 후 다시 돌아와 자영과 황족을 전부 도륙했다. 자영의 죽음과 함께 진나라는 역사 속으로 사라졌다.

습상, 백기, 조괄, 진시황, 이사, 한비자, 조고, 호해, 자영 모두 도를 따르지 않아 불귀의 객이 되었다. 노자가 이런 결과까지 예측했는지는 알 수 없다. 하지만 노자의 가르침대로 길에서 벗어나면 결과가 어떤지 역사가 생생히 증명했다. 노자는 말했다.

"길이 아니면 일찍 끝날 뿐이다."

[79] 건강부회(牽強附會) : 이치에 맞지 않는 말을 억지로 가져다 붙여 자기에게 유리하게 한다는 뜻.

[80] 춘추오패(春秋五覇) : 중국 춘추 시대 때 모여서 의리를 맹세한 제후들 중 우두머리 다섯을 가리킨다. 제나라의 환공, 진나라의 문공, 초나라의 장왕, 오나라의 왕 합려, 월나라의 왕 구천이라 전해지며 다른 기록에서는 진나라의 목공, 송나라의 양공, 오나라 왕 부차 등을 꼽기도 한다.

[81] 변법(變法) : 법률을 고쳐 시행하는 일.

[82] 경형(黥刑) : 중국에서 행하던 다섯 가지 형벌 가운데 하나로, 죄인의 이마나 팔뚝에 먹줄로 죄명을 써 넣는 것. 묵형(墨刑)이라고도 한다.

[83] 모반(謀反) : 국가나 군주의 전복을 꾀하는 것.

[84] 극(戟) : 중국 전국 시대 때 많이 쓰던 무기로, 갈래창이라고도 한다.

[85] 쇠뇌 : 쇠로 된 발사 장치가 달린 활.

[86] 합종연횡(合縱連衡) : 합종은 여섯 나라가 연합하여 진나라에 대항하는 것, 연횡은 여섯 나라가 각각 진나라와 화친하고 섬기는 것을 말한다.

[87] 원교근공(遠交近攻) : 중국 전국 시대 때 많이 쓰인 외교 정책으로, 먼 나라와 친교를 맺고 가까운 나라를 공격하는 것을 말한다. 《사기》 〈범저채택전(范雎蔡澤傳)〉에 나오는 말이다.

[88] 형명학(形名學) : 법으로 나라를 다스려야 한다는 학문으로, 중국 전국 시대 때 한비자 등이 주장했다.

[89] 간축객서(諫逐客書) : 기원전 237년 진(秦)의 치수 사업을 맡고 있던 정국이 한(韓)에서 파견된 첩자임이 밝혀지자, 진왕은 외국 국적의 관리들을 모두 추방하도록 명을 내렸다. 초(楚)의 사람으로서 추방당하게 된 이사가 함양을 떠나면서 진왕에게 올린 서신이다. 인재를 등용할 때에는 오직 그의 재주를 보고 판단해야 한다고 강조하고 있다.

[90] 승승장구(乘勝長驅) : 싸움에 이긴 기세를 계속 몰아친다는 뜻.

[91] 풍전등화(風前燈火) : 바람 앞에 놓인 등불이라는 뜻으로, 매우 위급한 처지를 일컫는다.

[92] 졸저《한비자, 스파이가 되다》(탐, 2014) 참고.

[93] 치외법권(治外法權) : 다른 나라의 영토 안에 있으면서도 그 나라 국내법의 적용을 받지 않는 국제법에서의 권리.

[94] 옥리(獄吏) : 감옥에서 죄수를 감시하던 구실아치나 형벌에 관한 일을 심리하던 벼슬아치.

[95] 소전(小篆) : 한자의 열 가지 서체 중 하나로, 중국 진시황 때 만들어졌다. 우리나라에서도 조선 시대에 시험 과목으로 실시하기도 했다.

[96] 분서갱유(焚書坑儒) : 중국 진나라의 시황제가 민간의 책 가운데 의약, 점(占), 농업에 관한 내용만 빼고 모든 책을 불태우고 수많은 유생을 구덩이에 묻어 죽인 일.

[97] 금중(禁中) : 대궐 안. 궁중이라고도 한다.

[98] 요참(腰斬) : 중죄인의 허리를 베어 죽이던 형벌.

[99] 효시(梟示) : 목을 베어 높은 곳에 매달아 놓아 사람들이 보게 하는 것.

[100] 전횡(專橫) : 권세를 혼자 쥐고 마음대로 하는 일.

[101] 지록위마(指鹿爲馬) : 윗사람을 농락하여 권세를 마음대로 하는 것. 진나라의 조고가 황제 호해에게 사슴을 가리키며 말이라고 한 데서 온 말이다.

[102] 수대(綬帶) : 연장이나 무기의 날 반대쪽에 자루를 끼울 수 있게 만든 주머니 모양의 꽃이.

부록

노자와 《도덕경》에 대하여

우선 밝혀 두자면, 노자(老子)와 《도덕경》에 대한 다양한 주장이 제기되었지만 여전히 정설은 없다. 쟁점은 대략 다음과 같다. 노자라는 인물이 실존했는가? 실존했다면 어느 시대 사람인가? 《도덕경》은 노자가 직접 썼는가? 아니면 후대 누군가가 노자라는 이름을 빌려 책을 썼는가? 후자의 경우라면 1인 저작인가, 집단 창작인가?

춘추 전국 시대 여러 문헌에 노자에 대한 기록은 들쑥날쑥하다. 또한 문헌에 체계가 잡히기 시작한 것은 전국 말기에서 한나라 초기이므로, 이 기록 역시 정확하다고 보기 어렵다.

노자와 《도덕경》에 대한 최초 기록은 사마천의 《사기》이다. 《노장신한열전》에 따르면, 노자는 초(楚)나라의 고현(苦縣) 여향(厲鄉) 곡인리(曲仁里) 사람이고, 성은 이씨(李氏)이며, 이름은 이(耳), 자는 담(聃)이라고 한다. 주(周)나라 왕실 도서관을 관리하는 책임자였다고 한다. 이때 공자가 찾아와 예를 물었다. 주나라가 쇠락하는 기미를 보이자 은퇴하려 할 때 수문장 윤희(尹喜)가 간청해 《도덕경》 상하권 5000여 자를 남겼다. 또 어떤 사람은 공자(기원전 551~479년)와 같은 시기 사람으로 노래자(老萊子)가 있는데, 이 사람을 노자라 보기도 한다. 노자가 160세 혹은 200세까지 장수했다는데 양생을

잘했기 때문이라고 한다. 혹자는 공자 사후 129년 주나라 태사였던 노담(老
聃)이 노자라고 주장한다.

　　사마천은 정직한 학자로, 확실하지 않다면 단언하지 않고 여러 가능성
을 열어 둔다. 그래서 이렇게 다양한 주장을 모두 실어 두었다. 이것은 사마
천(기원전 145?~86?년) 당시만 하더라도 노자라는 인물에 대한 확증이 없었
다는 것을 의미한다. 이 소설은 노자가 공자보다 20여 년 연상이고, 초나라
출신이며, 주나라 왕실 도서관 관장이라고 설정했다. 사마천의 주장을 따
랐다.

　　《도덕경》을 노자가 직접 썼는지 아직은 확증할 길이 없다. 또한 1인 저
작인지 집단 편집인지 역시 이견이 분분하다. 현대 저명한 철학자 펑유란
은 도가 격언들의 모음집이라고 주장한다. 그렇다면 《도덕경》은 시대를 두
고 여러 사람이 편집에 참여한 결과물이다. 반면 홈스 웰치(H. Welch, 홈스 웰치
지음, 윤찬원 옮김, 《노자(老子)와 도교(道敎)》, 서광사, 247~251쪽 참고.)라는 서양학자는
노자가 되었든 노자의 이름을 빌렸든 1인 저작이라고 강하게 주장한다. 그
는 《도덕경》 전체를 뒤져도 고유 명사가 단 하나도 없다는 것을 강력한 근
거로 들고 있다. 그는 《노자와 도교》에서 이렇게 말한다.

"어떤 사람이 5000여 자(字)로 된 도가 격언을 자의적으로 편집하였다면, 적어도 최초로 그것을 말한 사람이건 혹은 그 원리를 예증한 사람이건 확실히 몇 개의 고유 명사를 실었으리라. 따라서 나는 어떤 경우에도《도덕경》이 자의적인 편집일 수 없다고 믿는다."

필자 역시 처음 공부할 때는 홈스 웰치의 주장을 받아들였다. 지금은 생각이 달라졌다. 집단 저작이라도 고유 명사를 쓰지 않을 수도 있고, 편집하면서 불필요해 제거했을 수도 있다. 또 동서양을 막론하고 초기 위대한 저작은 대개 집단 창작인 경우가 많은 것도 반증 근거이다. 성경도 불경도 모두 집단 창작이다. 하지만 이 역시 근거가 충분하지 않다. 다른 책이 그렇다고 해서《도덕경》도 같은 경로를 거쳐야 하는 것은 아니다. 이 소설은 소설적 흥미를 위해 노자 1인 창작이라고 가정했다.

《도덕경》을 이해하려면 직접 읽는 것이 좋다. 암송하면 더욱 좋다. 필자는 대략 500번 정도 읽었는데 상당 부분 외우고 있다.《도덕경》을 읽을 때마다 서늘한 아름다움을 느낀다. 촌철살인의 언어가 서늘하고 간결한 문체가 아름다워 감흥이 인다. 필자만의 견해이다. 원문을 충실히 읽었다면《한비자》의 〈유노〉, 〈해노〉 편을 보길 바란다. 이 글은《도덕경》에 대한 최초의 주석이다. 또 법가 계열인 한비자가 도가를 어떻게 흡수했는지 볼 수 있다. 일부 학자는 《한비자》를 쓴 사람들이 철저하게 《도덕경》을 곡해했다고 하지만 꼭 그렇지만은 않다. 《도덕경》에 전체주의적 요소가 전혀 없지는 않다.

다음으로 중요한 주석서가 바로 왕필(王弼, 226~249년)의 주석이다. 왕필은 중국 철학사상 천재로 꼽히는 인물이다. 왕필은 약관 전후에 《도덕경》 주석을 달았다고 한다. 《노자주(老子注)》, 《노자지략(老子指略)》을 남겼다. 동시대 선배 학자인 하안(何晏)은 왕필을 두고 이렇게 경탄했다.

"공자께서 후생을 두려워해야 한다고 한 것은 이 사람을 두고 한 말인 것 같다."

왕필 주석서 역시 국내 번역본이 있다. 곁에 두고 반복해서 읽으면 깊이가 다가온다. 필자더러 왕필을 평가하라면 이렇게 말하고 싶다.

"《도덕경》을 빌려 또 다른 《도덕경》을 썼다."

《도덕경》의 사유에 대해서 췌언을 덧붙이지 않고, 대신 필자가 《도덕경》을 이해하는 데 도움을 받은 책 몇 권을 소개하고자 한다. 해석서마다 편차가 심해 어떤 책이 좋다고 주장하기 망설여진다. 국내 저작이나 번역본만 소개하겠다. 김용옥의 《노자 철학 이것이다》, 김형효의 《노장사상의 해체적 독법》, 최진석의 《생각하는 힘, 노자 인문학》, 홈스 웰치의 《노자와 도교》이다. 이 역시 필자의 단견일 뿐이다. 이외에도 훌륭한 저서가 많다. 거듭 말하지만 《도덕경》을 하나의 관점에서 체계적으로 서술할 수 없기 때문이다. 이 부분이 《도덕경》의 위대함이 아닌가 생각한다.

《도덕경》 번역본은 무엇이 좋은지 꼭 집어서 말하기 어렵다. 앞서 말한 것과 같은 이유이다. 다양하게 읽히기 때문이다. 필자는 다석 유영모 선생과 김용옥 선생의 번역을 많이 참고했다. 필자와 인연이 닿았다. 다른 훌륭한 번역본도 많다. 여러 책을 보기를 권한다. 해석서까지 다 읽었다면 《도덕경》 원문을 암송하라 권하고 싶다. 어떤 형식의 인생 양분이 되리라고 확신한다. 이 책은 필자가 《도덕경》을 이해하는 방식과 수준을 가감 없이 보여주고자 노력했다. 도(道)를 체득하는 길에 보탬이 되었으면 하는 마음 간절하다.

1. 노자가 어린 제자인 도기, 담혜, 지상에게 맡긴 임무는 무엇이며, 왜 그들에게

   맡겼을까요? 또 그 임무를 수행할 때 명심하라고 한 자세는 무엇인가요? 1장

   참고

2. 노자의 스승 상용이 노자를 낙양의 태학박사에게로 떠나보낼 때 도에 관해

   들려준 비유는 무엇이었나요? 노자는 그 이야기에서 무엇을 깨달았나요?

   2장 참고

3. '무위'를 앞세운 노자와 '인의'를 앞세운 공자는 백성을 위하는 마음은
같았지만 그 방식이 달랐습니다. 젊은 시절 공자가 노자를 찾아가서 얻은 큰
깨달음은 무엇이었나요? 2장 참고

4. 도기가 스승의 안부를 전하러 공자를 찾아가자, 공자는 아직 어눌한 도기의
모습에서 노자의 도를 읽어 내고 반갑게 맞이합니다. 그리고 가르침을
주지만, 도기는 노자의 가르침을 동시에 떠올리고 혼란스러워합니다. 그
이유는 무엇이었나요? 이에 대해 공자는 어떻게 대답했나요? 4장 참고

5. 어린 제자들을 떠나보낸 뒤 노자는 '난세의 도'에 대해서 습상과 논쟁을

벌입니다. 둘의 생각은 어떻게 달랐나요? 5장 참고

6. 노자가 《도덕경》의 내용을 진짜로 숨겨 놓은 곳은 어디였나요? 윤희는

도기에게 그것을 전해 받으면서 어떤 의도를 읽어 냈나요? 8장 참고

1. 노자는 비기 《도덕경》을 완성해 이것을 악인 손에 넘기지 않고 무사히 함곡관의

   수문장 윤희에게 전하고자 했습니다. 더 무공이 뛰어나고 연륜이 있는 제자들도

   있었지만 가장 젊은 세 제자에게 기회를 준 것이지요. 그 까닭은 그들이 더 욕심이

   없다고 보았기 때문입니다. 노자는 인간에게 욕심보다 더 큰 화는 없다고 늘

   강조했습니다.

   그리고 이 임무를 수행할 때 '몸을 낮추고 마음을 부드럽게 하라'고 했습니다.

   큰 부담에 짓눌려 오히려 일을 그르치지 말고, 차라리 아무 일도 아닐 수 있다는

   생각으로 임하라는 거지요. 또한 '어려움과 쉬움은 서로 이룬다[난이상성

   難易相成]'고 덧붙였습니다.

   다음으로, '하찮고 자잘하더라도 절대 소홀히 하지 말라'고 했습니다. '하늘 아래

   아무리 어려운 일이라도 반드시 쉬운 데서부터 지어지며, 하늘 아래 아무리

   큰일이라도 반드시 미세한 데부터 지어진다[천하난사 필작어이. 천하대사

   필작어세 天下難事 必作於易, 天下大事 必作於細]'는 거지요.

2. 상용은 자신감에 차 있던 어린 노자에게 잇몸과 이 중에 어느 것이 더 단단하냐고

   물었습니다. 노자가 알아듣지 못하자, 다시 어느 것이 더 오래가는지 물었지요.

노자는 잇몸이라고 대답했고, 상용은 잇몸처럼 부드럽고 약한 것이 도에 가깝다고

비유했습니다. 그리고 발꿈치를 들고 서게 한 후, 교만은 이 불안정한 자세와 같고

도를 깨우치는 데 가장 큰 적이라고 말했습니다. 노자는 스승의 이러한 비유들을

마음에 새기고 '왜 부드러운 것이 도에 가까운가' 고민하던 중, 천천히 흐르는

깊은 강을 보고 '물보다 더 부드러운 것이 세상에 있을까' 생각했습니다. 물처럼

부드러우면서도 막힘없이 흐르는 것이 도와 같다고 깨달은 거지요.

3. 혈기왕성했던 공자는 큰 세상을 경험하기 전까지 내심 노자와 내공을 겨뤄서

누가 더 높은지 가리고 싶기도 했습니다. 하지만 시야가 넓어지고 나서는 더

배워야겠다는 결심을 하지요. 노자에게 찾아가 예(禮)에 대해 묻지만 노자는

거기에 직접적으로 대답하지 않습니다. 대신 어려움에 빠진 백성을 구하려는

마음은 충분히 이해하지만, '진정한 도는 숨어 이름이 드러나지 않는데[도은무명

道隱無名]'고 충고합니다. 우선 굳은 마음이나 세상을 다 구하겠다는 욕심,

명예욕과 승부욕을 버리라고 한 거지요. 그리고 '가장 좋은 것은 물과

같다[상선약수 上善若水]'고 강조합니다.

4. 공자는 친구들보다 부족한 자신의 능력을 속상해 하는 도기에게, '다른 사람이

한 번 만에 잘하면 나는 백 번을 더 하고, 다른 사람이 열 번 만에 잘하면 나는 천 번을 더 노력해야 한다'고 가르쳐 줍니다. 그리고 '학(學)은 곧 습(習)이 되어야 한다'고 덧붙이지요. 어린 새가 어미에게 배우고, 그 날갯짓을 수없이 연습해 자기 것으로 만드는 것처럼요. 도기는 그건 스승 노자가 강조했던 '무위(無爲)' 사상과 완전히 반대되는 이야기가 아니냐고 묻습니다. 공자는 노자가 말한 '무위'란 아무것도 하지 말라는 뜻이 아님을 일깨워 줍니다. 어린 새가 배우지 않고 어찌 날 수 있으며, 사람이 배우지 않고 어찌 진정한 사람이 되겠는가 묻습니다. 노자와 자신은 이르고자 하는 길은 같지만 방편이 다를 뿐이며, 자신은 사람 안에서 사람과 함께 살고, 노자는 사람 밖에서 사람과 함께한다고 말합니다.

5. 습상은 백성들이 전쟁통에 죽어 가는데 무위(無爲), 자연(自然)을 말하는 노자의 도가 대체 무슨 소용이 있느냐고 따집니다. 전쟁을 멈추려면 모든 것을 제압하고 천하를 통일할 더 강력한 힘과 제도 또는 권력, 세상 이치를 꿰뚫는 현명한 영웅이 필요하다고 말합니다. 노자는 윗자리에 앉아 제멋대로 백성을 부리고 제 배만 불리는 위정자가 세상 이치를 알 리 없다고 대답합니다. 지난 세월 앞에서 날뛰던 자들 탓에 세상이 어떻게 나빠졌는지 보아야 한다는 거지요. 그리고 계곡에

흐르는 물을 보라고 합니다. 낮은 곳에서 굽이굽이 흐르며 만물을 이롭게 하는 물. 먼저 가려고 다투지 않으며 만물을 기르면서도 공을 뽐내지 않는 물. 진정한 이치란 그저 물과 같다고요. 그러니 소수의 권력자가 힘을 잡는다고 백성의 삶이 나아지지 않는다고 본 것입니다.

6. 노자는 《도덕경》의 내용을 도기, 담혜, 지상의 죽간에 나누어 담은 듯했지만, 실은 그러지 않았습니다. 중간에 습상과 같은 인물이 나쁜 마음을 먹고 가로챌 것을 미리 내다보았던 것인지도 모릅니다. 노자는 진짜 비기의 내용을 비단 허리끈에 숨겨, 떠나는 도기에게 무심히 건넸습니다. 도기조차 그것을 모른 채 허리끈을 메고 다녔지요. 노자는 새끼가 꼬아진 것을 풀면 상경(上經) 한 줄과 하경(下經) 한 줄이 드러나고, 둘을 합치면 한 권의 《도덕경》이 되는 원리를 이용했습니다. 윤희는 여기에 담긴 뜻을 이렇게 해석합니다. 날줄과 씨줄을 엮어 베를 만들 듯, 도(道)도 이렇게 꼬여서 만물을 만든 것이고, 그렇기 때문에 드러나지 않고 보이지 않고 이름도 없는 거라고요.